目次

長期金利を低位安定させる「秘策」の導入を主導
日本発の金融緩和政策のイノベーション
総裁主導のゼロ金利政策解除に反対票
植田氏が感じた株価下落リスクが顕在化
前の晩まで執行部は「賛成してくれないか」と
ゼロ金利解除を批判した黒田氏
リフレ派からもあまり反対論が出なかったワケ
大勢順応的にならないが極端な方向にも行かない
弟子の育成が十分できなかったのが心残り
欧米経済学の輸入で始まった日本の経済学の不幸
若い世代はもっと海外に情報発信を
総裁就任固辞の雨宮氏は経済学者の名前を挙げた
財務次官はもう日銀総裁になれないのか
海外人脈持つ人物が日銀のトップに就いてきた
2人の副総裁、氷見野、内田両氏も国際派
続く日銀総裁の「学歴サイクル」、次は法学部卒?

第2章　植田日銀は何を引き継いだのか

「非伝統的」から「異次元」へ、四半世紀の金融緩和の光と影

量的緩和と質的緩和の合わせ技
一段と強まった事実上の株価下支え効果
円高防止狙ったマイナス金利政策の誤算
短期決戦から持久戦への転換を迫られた
異次元緩和の軸足は資金供給から金利操作へ
下がりすぎた長期金利の是正という意味も
長期のデフレで日本人の物価観は「適合的な形成」に
長期金利の変動容認幅を拡大
巨額に膨らんだＥＴＦ購入を抑制
大幅な円安という副作用
長期金利の上限を引き上げ
上がらない賃金・物価を前提とした考え方・慣行
企業収益や雇用の改善などに貢献しデフレでない状況実現
異次元緩和のもとで円高修正が進んだ
円高修正が企業収益を改善し株高もたらす
失業率や有効求人倍率など雇用指標も改善

政策の「修正」か「正常化」か
異例の長期金利操作には多くの副作用が
財政規律が緩んだとの指摘
為替相場の変動を過度に大きくした
金融機関の収益にもマイナスに
過度の円安なら長期金利操作の早期修正も
長期金利操作を「継続」しつつ「実質撤廃」する秘策
長期金利操作の修正はサプライズ的に決める可能性
金利が下がりすぎると経済にマイナスになることも
副作用軽減の理屈でマイナス金利を解除できるか
日銀は既にＥＴＦ購入を大幅に抑制
ＯＢからも出た日銀保有ＥＴＦの個人への譲渡案
割引価格での保有ＥＴＦ売却に慎重論も
正常化後も長期金利への「関与」は続きそう
正常化の時期が前倒しされる展開も
米国の利下げが始まると日銀の自由度は低下

序　章

さっそく動いた植田日銀

初の金融政策決定会合で
新たな政策指針を示し、
政策レビューの開始も決定

金融政策決定会合に臨む日銀の植田和男総裁（中央）ら
（2023年４月28日、提供：共同通信社）

2023年4月9日、経済学者として初めて総裁に就いた植田和男氏のもと、日銀はさっそく行動を起こした。植田日銀として初となる4月27～28日の金融政策決定会合で、2つの重要な決定を下したのだ。

第1に、先行きの金融政策に関する指針となる新たなフォワードガイダンスを示した。第2に、過去25年間にわたる金融政策について「1年から1年半程度の時間をかけて、多角的にレビューを行う」ことを決めた。

いずれも今後の政策にとって意味を持つ動きだ。

まずフォワードガイダンスについて述べることにしよう。これは、中央銀行が今後どう動くかのヒントをあらかじめ示し、人々の予想を安定させる手立てだ。

中央銀行が何をやるかわからないという不安が強まると、マーケットが不安定になり、経済にも悪影響が及びかねない。それを防ぐため、手の内をある程度明かしてしまうのが、フォワードガイダンスである。将来どう動くかを隠しがちだった中銀にとって、大きな転換といえる政策手段だ。

実はこれを1999年に世界の中銀として初めて導入したといえるのが日銀である。そして、それを主導したのが、そのころ日銀の審議委員として金融政策の決定に加わっていた植田和男現総裁なのだ。

当時実施していたゼロ金利政策を簡単にはやめない姿勢を示し、短期政策金利が将来どう動くかの人々の予想に左右される長期金利の低位安定を促した。

日本発の金融政策のイノベーションを主導した植田氏

将来の政策の方向性を事前に示す政策手段は、その後世界の中銀が採用するようになる。当初、日銀は時間軸政策と呼び、プリコミットメント・ポリシーなどの英訳も使われたと記憶するが、世界に普及する過程でフォワードガイダンスという名称が一般的になった。日本発の金融政策のイノベーション（革新）である。

植田総裁にとって「デビュー戦」となる金融政策決定会合で従来のフォワードガイダンスを修正し、新たなものを示したのは、「生みの親」としてこの政策に思い入れがあるからだろう。

2023年4月28日公表の新しいフォワードガイダンスと従来のそれを比べることで、その意味を読み解いていこう（図表1、2）。

新フォワードガイダンスには、まず次のような文章が加わった。

図表1　新しいフォワードガイダンス（2023年4月28日決定）

①	日本銀行は、内外の経済や金融市場を巡る不確実性がきわめて高い中、経済・物価・金融情勢に応じて機動的に対応しつつ、粘り強く金融緩和を継続していくことで、賃金の上昇を伴う形で、2%の「物価安定の目標」を持続的・安定的に実現することを目指していく
②	「物価安定の目標」の実現を目指し、これを安定的に持続するために必要な時点まで、「長短金利操作付き量的・質的金融緩和」を継続する
③	マネタリーベースについては、消費者物価指数（除く生鮮食品）の前年比上昇率の実績値が安定的に2%を超えるまで、拡大方針を継続する
④	引き続き企業等の資金繰りと金融市場の安定維持に努めるとともに、必要があれば、躊躇なく追加的な金融緩和措置を講じる

（出所）日銀

図表2　従来のフォワードガイダンス

①	日本銀行は、2%の「物価安定の目標」の実現を目指し、これを安定的に持続するために必要な時点まで、「長短金利操作付き量的・質的金融緩和」を継続する
②	マネタリーベースについては、消費者物価指数（除く生鮮食品）の前年比上昇率の実績値が安定的に2%を超えるまで、拡大方針を継続する
③	当面、新型コロナウイルス感染症の影響を注視し、企業等の資金繰り支援と金融市場の安定維持に努めるとともに、必要があれば、躊躇なく追加的な金融緩和措置を講じる
④	政策金利については、現在の長短金利の水準、または、それを下回る水準で推移することを想定している

（出所）日銀

「日本銀行は、内外の経済や金融市場を巡る不確実性がきわめて高い中、経済・物価・金融情勢に応じて機動的に対応しつつ、粘り強く金融緩和を継続していくことで、賃金の上昇を伴う形で、2％の『物価安定の目標』を持続的・安定的に実現することを目指していく」

キーワードは「賃金の上昇」「継続」「不確実性」「機動的」の4つだ。これらの言葉を軸に、新フォワードガイダンスをわかりやすい文章に書き直すと以下のようになる。

「日銀は2％物価目標の実現を目指す。それは『賃金の上昇』を伴う持続的・安定的なものでなければならず、現時点ですぐに実現する可能性は低い。したがって、金融緩和を粘り強く『継続』する。ただし、内外経済や市場は『不確実性』が高く、何が起きるかわからない。想定外の展開になった場合は『機動的』に動く」

追加緩和より政策修正や正常化の方向性を示唆

緩和の継続を基本姿勢としつつ、想定外の展開になった場合に「機動的な対応」をとる可能性にも触れた内容だ。

「機動的な対応」には大別して次の3つの種類がありうる。

①物価上昇圧力が予想より早く強まる展開になるなら、緩和自体を終える政策正常化に早

めに向かう、②過度の円安や市場機能の低下（市場のゆがみ）など、今の政策の副作用が深刻化するなら、副作用の軽減で緩和政策の持続性を上げるための政策修正を決める、③予想外の負のショックが経済に加わるリスクが顕在化するなら、追加緩和も排除しない――である。

このうち、①の正常化は金利が上向きになり、②の修正も一部の金利が方向としては上向きになりうる。一方、③の追加緩和は金利が下向きだ。どちらの可能性が高いのか。

答えのヒントとなる要素が2つある。

まず、従来は最初の文章に出ていた「長短金利操作付き量的・質的金融緩和の継続」が2番目の文章に「格下げ」になった。長期金利を特定の低い水準に誘導する今の政策に何らかの修正が加わるかもしれないという印象を受ける。

また、政策金利の方向性に関して、従来は「現在の長短金利の水準、または、それを下回る水準で推移することを想定している」としていた。利下げの可能性があるという意味だ。今回、この金利引き下げの示唆の文章を削除した。利下げの位置づけも従来よりは軽くなったわけだ。

この2つの変更が示唆するのは、思わぬショックが発生しない限り、どちらかというと追加緩和より政策の修正や正常化の方向性に重きを置く姿勢だろう。

重み持つ24年春季労使交渉での賃上げ

以上、「今の緩和政策を粘り強く継続する」という姿勢が基本となる一方、早い段階で「機動的」な対応を迫られる可能性もあり、それは3つのケースに分けられる点を説明した。となると、次に出てくる疑問は、今の緩和政策を「粘り強く続ける」基本姿勢をいつまで維持するのかだろう。

既に述べた通り、日銀は「賃金の上昇」を重視している。23年の春季労使交渉では30年ぶりとなる高めの賃上げが実現した。この流れが24年の交渉でも続くなら、「賃金の上昇を伴った物価2％の持続的・安定的な実現」の可能性が高まるだろう。

少なくとも24年の春季労使交渉の行方あるいは結果が見える時点まで、緩和策を粘り強く続けるというのが今のところ普通の見方といえる（もっと長引くこともありうるが）。

植田氏も4月10日の総裁就任記者会見でこう語った。「ここまでの（賃上げの）動きは喜ばしい動きになっているというふうには判断している。ただ、これが今後も続いて定着するかどうかというのを見極める必要があるかなというふうに、持続的・安定的な2％の達成という目標からは考えている」

5月19日の講演ではこのように述べた。「拙速な政策転換を行うことで、ようやくみえてきた2％達成の『芽』を摘んでしまうことになった場合のコストはきわめて大きいと考えられる」「先行きの出口に向けた金融緩和の修正は、時間をかけて判断していくことが適当だと考えている」

もっとも、植田氏が4月28日の記者会見で語った通り、「24年の春闘は、非常に重要な要素だが、厳密にそこまで待たないと判断ができないかということでは必ずしもない」のも事実だ。「例えば、24年の春闘のベースとして23年の物価動向がひとつ影響するだろうし、23年の企業収益も影響するというふうに考えられる。そういう24年の賃上げの程度につながるような23年のいろいろな経済変数の動きを見ていくなかで、これは大丈夫だというふうに思って、持続的に2％が達成されそうだという判断に至るケースも十分あり、可能性としてはありうる」のだ。

これは前出の「早い段階での機動的な対応」が必要になる場合の①に当たる。

いずれにせよ、2％物価目標の持続的・安定的な実現のメドが見えてくれば、金融緩和政策を終える正常化に向かう道筋も見えてくる。

もっとも、日銀は24年の春季労使交渉で23年のような高めの賃上げが実現すると楽観的になっているわけではない。むしろ、現時点では逆の展開になる可能性が高まることへの警戒を解いていない。そうなれば2％の達成のメドは立ちにくい。この場合はどうするか。

政策の修正か正常化か、1～1年半以内のどこかで動きか

植田氏は4月10日の就任記者会見で、次のような重要な発言をしていた。

「基調的な物価の動き、インフレ率とわれわれよく言ったりするが、これが本当に安定的・持続的に2％に達する情勢かどうかというのを見極めて、適切なタイミングで正常化に行くのであれば行かないといけないし、それはなかなか難しいということであれば、副作用に配慮しつつ、より持続的な金融緩和の枠組みが何かということを探っていく、その辺の判断をきちんと行うということだと考えている」

つまり、24年の春季労使交渉で高めの賃上げが続き、賃金の上昇を伴った持続的・安定的な物価2％が実現しそうになる絵が見えないなら、金融緩和政策の持続性を上げるため、副作用を軽くする政策修正を実施する展開がありうるのだ。

2％達成は難しいと「見切り」をつけるタイミングも、24年の春季労使交渉の行方あるい

は結果が見えてくる時期とおおむね重なっても不思議はない（もっと遅くなる可能性もあるが）。

それと一定程度関係するのが、4月28日の決定の第2のポイントである過去の金融政策運営のレビューではないか。

レビューについて植田氏は「目先の政策変更に結びつけて何かをやるわけではない」（4月28日の記者会見）と語ったが、裏返して言えば、「目先」ではない中長期の政策には影響を及ぼしうる。

1年から1年半程度かけるというレビューが終わる時期までに、2％達成のメドが立たなければ、見切り発車的に緩和政策をより持続性の高い枠組みに変える可能性がある。その際、過去四半世紀にわたる政策のレビュー結果を何らかの形で参考にするはずだ。

長期金利操作修正は早期のサプライズ的決定に要注意

ただし、もっと早い段階で、政策の副作用への対応を決める展開もありうる。本書出版からあまり時間がたっていない時期に政策を修正するシナリオだって想定しておく必要はあるのだ。これは、前出の「早い段階での機動的な対応」が必要になる場合の②である。

特に副作用が多く指摘される長期金利操作は、何らかの見直しが早期に実施されても不思議はない。物価上昇率が想定より高まっていればなおさらだ。しかも、それは、サプライズ的に決まる可能性がある。長期金利操作の修正を示唆すると長期金利がすぐに動いてしまうから、事前にシグナルを送るのは難しいのだ。22年12月の長期金利の上限引き上げと同様に、抜き打ち的な決定をする展開に十分な注意を払っておくべきだ。これも「機動的」な対応といえる。

いずれにせよ、2%達成のメドが立てば政策を正常化するし、立たなくても副作用軽減のための政策修正は決める——。向こう1～1年半程度の間のどこかで、そういう大きな動きがあってもおかしくはない。

もちろん、経済や市場に深刻な悪影響が及ぶ想定外の事態が発生するなら、政策の正常化や修正をしている余裕はなくなる。「機動的」な危機対応が重要な課題になるだろう。

以上が植田日銀の金融政策の方向性に関する今の時点での大局観である。

何となく専門的でわかりにくい印象を持った読者もいるかもしれない。心配しないでほしい。今後の政策の見通しは、第3章などでもっと詳しく、掘り下げて解説している。

そもそもなぜ植田日銀も2%物価目標を掲げ続けるの？　そんな素朴だが、実は本質的な問いかけへの答えについても論じていく。

学者とは別のもうひとつの顔が

「次期日銀総裁に植田和男氏」――。日本経済新聞の電子版がそんな特ダネを報じたのは2月10日の午後4時16分だった。

植田氏は東大教授や日本経済学会の会長なども務めた日本を代表する経済学者だ。とはいえ、学者が日銀のトップになるというニュースに驚いた人も多かったようだ。

だが、同氏には学者とは別のもうひとつの重要な顔がある。その点を伝えようと、筆者は、すぐにツイッター（@IsayaShimizu）で次のような情報発信をした。

「12年前に、私が聞き手を務めた日経夕刊の連載インタビュー・コラム『人間発見』に植田氏に登場していただいたときのタイトルが『理論と政策を行き来する』。金融政策の理論と実務の両方に通じた日本を代表する専門家です。ご活躍に期待致します」

植田氏は、金融政策の理論家として日本を代表する存在であると同時に、日銀における金融政策の決定でも重要な役割を果たしてきた。同氏の学者とは別のもうひとつの顔、それは政策当局者の顔なのだ。

かつて植田氏が政策当局に籍を置く時期にも同氏への取材を数多くした筆者にとって、植田氏は日銀のトップに就いてもまったく不思議のない存在だった。

筆者が植田氏と初めて会ったのは1991年6月3日。30年以上も前だ。取材メモを調べると、時刻は午前11時50分だった。

当時東大助教授だった同氏の国際収支の分析に関する講演を聞いた後、「より詳しく話をうかがいたい」と電話で伝えたら、「では昼食を」と誘われ、会った。筆者の入社4年目の初夏。懐かしく思い出す。

植田氏に特に深く取材をするようになったのは、その10年後の2001年、筆者が英国ロンドン駐在などを経て、サブキャップ（記者クラブの次席）として日銀担当に戻ったときだ。

1998年に新しい日銀法が施行され、金融政策決定のあり方は大きく変わっていた。そしてその決定を担う立場になっていたのが、東大教授から日銀の審議委員に転じていた植田氏だった。定期的に会い、政策について様々な見解を聞く取材活動を続けた。

2005年に植田氏が日銀審議委員を退き、東大教授に戻ってからも、経済で何か疑問が生じると、「30分だけ時間をください」と伝えて会いに行くような関係が続いた。

それらは記事にしないことを条件としたオフレコの取材だったが、日本経済新聞に掲載されたオンザレコードのインタビュー記事も6本ある。植田氏はあまりテレビには出ないのだが、筆者はＢＳテレビ東京などの映像コンテンツでインタビューなどをする機会も3回あった。

本書はそうした様々な取材をしてきた植田氏が日銀総裁に就いたのを機に、その意味を考えたり、政策の行方を占ったりしたものだ。記述の一部はこれまで執筆してきた記事がベースになっているが、大半は書き下ろしである。

学者とセントラルバンカーでは判断が異なる

基本的なスタンスとして、植田氏が過去学者として書いてきた論文などよりも、日銀総裁候補になってからの発言や、総裁に就いた後の記者会見、講演や国会答弁に重点を置いて分析している。学者としての植田氏とセントラルバンカーとしての同氏では、判断や情報発信の内容が異なることもありうると見ているからだ。

有力な経済学者である植田氏は、金融政策についても数多くの論文を書いたり講演をしたりしてきた。筆者もその多くを長年詳しくフォローしてきた。同氏の執筆や発言の内容が多くの貴重な知見を含むことは強調しておきたい。経済理論を重視する植田氏の姿勢が政策決定において重要な意味を持つことも言うまでもない。

ただ、学者としての植田氏が発信してきた情報の内容の通りに、セントラルバンカーとしての植田氏が動くとは限らない。その理由は第4章で詳しく解説している。

本書は5章からなる。

第1章は、「植田さんってどういう人？」という関心に応える内容だ。

経済学者や市場関係者の間で、植田氏はかなり有名だが、一般的にはそうでもないかもしれない。そこで、前述の「人間発見」はじめかつて筆者が実施した長時間のインタビューを再構成し、さらにそれ以外の要素も大幅に加えて、同氏の人となりについてまとめた。

今回の総裁人事の持つ意味も考えてみた。日銀のトップになる人物の条件が一段と変わってきた印象があるからだ。

第2章は、過去25年間の金融緩和政策の「進化」のプロセスについて、大きな流れを解説した。同時に過去10年にわたる異次元緩和が持つ意味も考えた。

日銀も今後1年から1年半程度かけて、過去の金融政策のレビューを実施すると決めた。今後の政策を占う際には、植田日銀が何を引き継いだのかを知っておくべきだ。

第3章は、冒頭に示した大局観にもとづき、植田日銀がどのような金融政策を手掛けるかの読み筋をより細かい部分も含めて述べた。

第4章では、一般の人々が植田日銀の出方を占ううえで、日銀のどんな情報発信に注目すればいいかを説明した。筆者が長年培ってきた日銀ウオッチングのノウハウを盛り込んだ中身だ。

仮に日銀が今後、短期の政策金利を上げていくなら、変動金利型住宅ローンの金利などに影響が及ぶ。日銀も可能な範囲で事前に情報発信をするはずであり、そのときにどのような手段を使うのかを知っておく必要がある。

話が抽象的になってはいけないので、まずは2000年のゼロ金利政策解除に至るプロセスで日銀がどんな方法でシグナルを送ったのかを具体的に振り返った。

変動型住宅ローン金利にはどんな影響が?

第5章は、金融政策の修正や正常化もありうる流れを踏まえ、生活者が今後住宅ローンについてどう対応したらいいかを考えた。最近、筆者が原稿を書いたり講演をしたりする際に住宅ローンをテーマにすると、強い反応が返ってくるからだ。多くの人にとって人生最大の借金だから当然だろう。

筆者は長年、経済ジャーナリストとして金融政策やマーケットを取材する一方、ＣＦＰ資格を持つファイナンシャルプランナーとして住宅ローンの記事も書いてきた。第5章にはそうした「取材するファイナンシャルプランナー」としての視点も盛り込んだ。

忙しい読者は、以上の5章を必ずしも順番に読んでいただく必要はない。関心がある章から読んでいただければいい。

筆者が金融政策取材の世界に足を踏み入れたのは入社2年目の1989年だった。現在と比べれば、当時の政策の中身はシンプルだった。むろん今と同様に取材自体は難しかったが、そのころの政策金利（金融政策を手掛ける際に操作する金利）だった公定歩合の上げ下げが金融政策運営の基本であり、それに預貯金金利がどう連動し、為替や株価がどんな影響を受けるかが人々の関心事だった。

だが、1998年以降、長引くデフレへの対応を迫られる過程で、金融政策は複雑化・専門化し、一般の国民との距離が広がってしまった印象を与えてきたかもしれない。日銀の内部でも「今の金融政策のすべてを理解しているのは企画局（金融政策の企画・立案を担当）のスタッフだけではないか」との声が聞かれるくらいだ。

普通の人々の生活への影響力が強まった金融政策

だが、実際は金融政策と国民との実質的な距離はむしろ近くなっている。政策が様々な「進化」を遂げた結果、マーケットへの影響などを通じて、普通の人々の生活や資産運用により大きな影響を及ぼすようになったからだ。

何しろ、普通は市場で自由に決まるはずの株価や長期金利にまで介入してきたのが今世紀の日銀の姿だ。長期金利の「固定」を通じて為替相場への影響力も強まったことは2022年の円安騒動が示した（そのメカニズムは第3章で説明した）。

それだけに、複雑化・専門化した金融政策と一般の人々との橋渡し役は必要であり、それが日銀ウオッチングを手掛ける経済ジャーナリストの役割だと考えてきた。

意味のある橋渡しができるように、本書もできる限り一般の人の目線を意識して執筆した。

ビジネスパーソンや学生、一般の生活者などの皆様にとって、本書が新しいスタートを切った日銀に関する理解を深めるものになれば幸いである。

第　1　章

植田さんってどういう人？

「理論」と「政策」を行き来してきた日銀のトップ

参院議院運営委員会で質問に答える日銀総裁候補の植田和男氏
（2023年２月27日、提供：共同通信社）

「植田さんってどういう人？」——。植田和男氏が新しい日銀総裁に就くというニュースが流れたのを受け、そんな声が筆者の周囲でも聞かれた。

東大教授などを歴任してきた植田氏は日本を代表する金融論の専門家であり、金融政策に関係する政策当局者、学者、ジャーナリストの間では有名人だ。

ただ、テレビのニュース番組やワイドショーなどのレギュラーコメンテーターを務めるようなタイプではない。

いわゆる「タレント教授」でもないから、一般の人々の間での知名度はそう高くないかもしれない。

そこで、植田氏の人となりを紹介してみたい。

序章でも触れたが、筆者は今から12年前の２０１１年に日本経済新聞夕刊（10月17～21日付）の連載企画「人間発見」で、植田氏を詳しく紹介するインタビュー記事を書いた。「人間発見」は、各界で活躍している人を紹介するもので、日経夕刊の人気企画として定着している。

「人間発見」を書く3年前の08年には、日経朝刊（1月28日付）の連載企画「私の苦笑い」でも同氏を取り上げた。各界の著名人に過去の苦い経験から得た教訓を語ってもらう企画だ。

本章では、まずそうした企画を執筆したときのインタビューの内容を再構成した。さらに、当時、記事化しなかった話やその後の取材の成果なども大幅に加え、植田氏の素顔に迫ってみたい。

植田氏はかつて日本経済学会の会長も務めた日本を代表する経済学者だが、いわゆる象牙の塔にこもるタイプではない。研究室にこもって本を読んだり、論文を書いたりする作業ばかりしてきたわけではないのだ。

研究をする一方で、旧大蔵省（現財務省）や日銀など政策企画・立案・決定の現場にも身を置き、「理論」と「政策」の間を行き来してきた人物だ。

「様々な経済現象は社会の現場で起きている」

その点について同氏はこう語っていた。

「経済学者にとって大学での研究は大切だ。ただ様々な経済現象が起きている場所は、研究室のなかではなく社会の現場。そうした場に触れなければ、空論を語ってしまう恐れもある。一方で理論を無視した政策立案が、良い結果をもたらすとは思えない」

「生の経済の動きを理論に反映させようとしたり、逆に理論を政策に生かそうとしたりする動きをもっと広げるべきではないか。それが私の一貫した問題意識だ」

こうしたタイプの研究者は日本ではまだ珍しいが、経済学者が政策当局者に転じる例は、海外では珍しくない。

米国の中央銀行である連邦準備理事会（ＦＲＢ）の２代前の議長、ベン・バーナンキ氏は１９３０年代の大恐慌に関する研究で有名な学者。議長を退いた後ノーベル経済学賞も受賞した。

バーナンキ氏の後任、ジャネット・イエレン氏も経済学者出身だ。欧州中央銀行（ＥＣＢ）でも、前総裁のマリオ・ドラギ氏はもともと経済学者だった。

なぜ、政策の現場に身を置こうとしてきたのか。植田氏の言葉はこうだ。

「私の専門分野である金融について、様々な学者によりたくさんの意義深い研究がされてきた一方で、解明されていない部分も多くある。いろいろな側面から金融現象を見ることは研究の前進ももたらすと考えて、旧大蔵省財政金融研究所（現在の財務省財務総合政策研究所）や日銀調査統計局に籍を置いたり、日銀の審議委員（金融政策の決定を担う日銀政策委員会・金融政策決定会合のメンバーのひとり）を務めたりした」

そうした行動に、批判的な声もあったという。「恩師から、学者にとって大事な時期になぜそんなところに行くのかとお叱りをいただくケースもあった。しかし今振り返れば、貴重な発見ができたと思う」

まずは、現在71歳の植田氏のおいたちから始めよう。

1951年、静岡県で生まれたが、その後東京に引っ越した。勉強をするのが好きで、小さいころから学者になりたいと思っていたと植田氏は振り返る。

専門分野を数学から経済学へと切り替えた

もっとも、「経済学」にたどりつくには、曲折があった（図表1－1）。

「算数・数学と社会が得意。国語はダメだった。高校（旧東京教育大学付属駒場高校＝現在の筑波大学付属駒場高校）の時期に目指していたのは数学者。そこで、1970年に東大の理科1類に入学。その後、理学部数学科に進んだ。ただ、机上の計算に終始する数学は向いていないという思いが次第に強まった」

「決定的だったのは、小平邦彦先生（数学界のノーベル賞といわれるフィールズ賞を日本人として初めて受賞した数学者）から『数学をしっかりやるには、24時間数学のことだけを考

図表1-1　植田和男氏の略歴

1974年3月	東大理学部卒業
1974年4月	東大経済学部入学
1975年4月	東大経済学部大学院入学
1976年9月	マサチューセッツ工科大学経済学部大学院入学
1980年5月	マサチューセッツ工科大学経済学部大学院卒業 (9月に博士号取得)
1980年7月	ブリティッシュ・コロンビア大学経済学部助教授
1982年4月	大阪大学経済学部助教授
1989年4月	東大経済学部助教授
1993年3月	東大経済学部教授
1998年4月	日銀審議委員
2005年4月	東大に教授として復帰
2017年4月	共立女子大学教授
2023年4月	日銀総裁

（出所）日銀のホームページを参考に筆者作成

えていなければいけない』という訓示を受けたこと。ちょっと無理かなと感じた」

「もともと社会科も好きだったから、広く実社会と接点を持った研究をしたいという意識が芽生えてきて、専門を経済学に切り替えた。特に貨幣論に興味があった。世の中に出回るお札や硬貨は、皆が信用するから価値を持つ。なぜ信用するのか。そのよくわからないようなところに関心を持った」

そして、経済学の大学院の試験を受けたのだが、何と落ちてしまったという。

「自主的に勉強していたので、網羅的な知識を持っていなかったからかもしれない。試験といえば、実は東大を受験したときも緊張して出来が悪く、落ちたかと思っていた。研究する能力と、試験を楽に突破する技能とは別物かなとも思う」

実は就職活動もしていたという。内定を得たのは日本生命保険だった。保険数理人（数学知識をもとに保険商品の設計などを担う専門家）としての採用枠で内定を得ていたのだ。

保険会社に内定も学者になりたい思い捨てられず

ところが、学者になりたいとの思いは捨てられず、最終的に内定を断って、いったん経済学部に入学し、翌年（75年）、改めて大学院を受験し合格した。

その後、恩師のひとりだった浜田宏一氏（現米エール大学名誉教授）から米国留学を勧められた。「トレーニングがしっかりしているから」というのが理由だったという。76年に向かった留学先は、名門のマサチューセッツ工科大学（ＭＩＴ）だった。

2年間授業を受け、試験に合格すると博士論文を書くプロセスに進む。

当初、「アメリカ人のレベルは意外に低いのだな」と思ってしまったという。だが、すぐに勘違いだと気づいた。米国では他の分野を専攻していた人が大学院で初めて経済学を学ぶケースが多く、当初はレベルが低いのだが、急速に追いついてくる。

ちなみに、このMIT留学時代に知り合ったのが、妻である植田敬子・日本女子大学名誉教授だ。

2年後試験に受かり、博士論文の執筆にとりかかった。指導教官はルディガー・ドーンブッシュ氏（外国為替市場の研究で知られた国際経済学者）とスタンレー・フィッシャー氏（教え子に前出のバーナンキ元FRB議長やドラギ前ECB総裁らがいる有力な経済学者）である。

テーマは、為替相場が経常収支にどんな影響を与えるか、自国通貨の相場が上がっても必ずしも経常黒字が減らないのはなぜか、といった論点だった。そして博士号を取得した。

ちなみに、フィッシャー氏は国際通貨基金（IMF）副専務理事やイスラエル中央銀行総裁、米FRB副議長などを歴任した。単なる学者にとどまらず、政策当局者としての活動も重視するタイプ。のちの植田氏のキャリアは、フィッシャー氏のこうしたやり方と似ているように見える。

日米の学界でかなり異なる政策当局への見方

植田氏はこんなエピソードを紹介してくれた。

「のちに私が旧大蔵省財政金融研究所に行ったとき、浜田先生からは『学者として大事なときにどうしてそんなところに行くのか』とお叱りをいただいたのだが、逆に大学に復帰した際には、フィッシャー先生から『せっかく政策の仕事をやり始めたのに、なぜ戻ったのだ』と問われてしまった。政策当局に対する見方が、日米でかなり違うことを象徴するエピソードだろう」

博士号を取り、いよいよ就職。カナダのブリティッシュ・コロンビア大学の助教授になった。今は海外の学者や当局者と活発に議論する植田氏だが、当初は英語で苦労したという。「読んだり書いたりするのには慣れていたが、話すとなると別。当初、生徒から苦情が出て大変だった。大学の事務方は『英語を母国語としない人が教えた場合にはよくあることだ』と言ってくれたのだが……」

カナダで教えたのは2年間。その後、日本の大阪大学から声がかかり、82年に帰国。助教授を務めた後、85年に旧大蔵省財政金融研究所主任研究官に転じる。いよいよ、政策当局のなかに身を置き始めたのだ。その際の心境については、こう語っていた。

「日本に帰ってきてから、学者として論文を読んだり書いたりしていても、実際の経済がわからないないという感じがしていた。もっと現実に近いところに行って見てみたいと思っていたら、財政金融研究所の仕事をされていた長富祐一郎さん（のちに関税局長などを歴任）に誘われた」

「研究所では旧日本開発銀行（現日本政策投資銀行）から来られていた竹中平蔵さん（のちに小泉純一郎政権で経済財政政策・金融担当相などを歴任した経済学者）と机を並べ、そのころ拡大していた日本の経常黒字などについて研究した。黒字は長期的に続くと結論づけたが、その後を見ると当たったと思う。政策立案に直接かかわったわけではないが、その一端を知ることができたのは収穫だった」

このころ、旧大蔵省にいた黒田東彦氏（日銀総裁の前任者）とも知り合ったという。実は、植田氏の高校（旧東京教育大学付属駒場高校）の先輩だった。

学者や学問への政府部内の空気に複雑な思い

植田氏は、政府部内の空気に、学者としての複雑な思いも持ったという。

「学問は政策に生かすためのものではなく、他人を説得する手段だととらえる雰囲気があった。『あの人は学者だ』という言い方にはネガティブなニュアンスがあることも知った」

87年に阪大に戻る。阪大時代に書いた論文に「わが国の株価水準について」がある。企業収益にもとづく理論的な水準と比べて、株価は高すぎると警鐘を鳴らす内容で、バブルに踊っていた市場関係者から注目された。「今振り返れば、妥当な内容だった」と回顧する。

実は植田氏自身も、株式投資をしていた。始めたのは83年ころ。

「机上の研究だけでは飽き足らないのはいつものことで、勉強のために実体験してみた。もちろん当局に籍を置いた時期は控えたが」

このころの投資行動に関する発言は興味深い。

「『高すぎる』と結論づけながら変な話だと思われるかもしれないが、理論的に高すぎても、皆が上がると思えば一定期間は上がるのが株価。90年くらいまでは買い続けた」

「90年にバブル崩壊が始まる前に高値でいったん売り抜けたのに、その後、証券会社の営業の電話が毎日来て、断り切れずに買ってしまった。もうかった分は大半がなくなってしまった。株価は割高という結論が、私の場合、自らの体験に裏打ちされているというわけだ」

こうした投資の経験を通じて、植田氏はマーケットセンスも培ったようだ。筆者は長年の付き合いのなかで、市場動向に関する感覚が鋭いと何度も感じた。

後述するように、日銀審議委員を務めていた2000年夏に当時の速水優総裁が主導したゼロ金利政策解除に反対したのも、そうした鋭いマーケットセンスによるものだろう。のちにITバブル崩壊の影響が深刻化するなか、日銀はゼロ金利解除が失敗だったとする強い批判を受けるのだが、植田氏はそれを見越していたようだ。

通貨供給量めぐる「岩田・翁論争」を裁定

やがて、89年に出身の東大に助教授として戻り、93年に教授に就いた。植田氏が金融政策への関心を強めるのがこの時期だ。

日銀は89年に就任した三重野康総裁のもと、当初バブルつぶしともいわれた利上げを実施したが、バブル崩壊の悪影響が次第に広がり、91年には利下げに転じた。

資産価格のバブルによる格差拡大への国民の不満もあり、日銀の利上げは初めのうち世論に支持されたが、バブル崩壊の負のインパクトが強まるにつれて、逆に批判を受けるようになる。

植田氏はこう振り返る。

「バブル崩壊後の金融政策をめぐって、様々な議論が交わされていた時期だった。92年には、いわゆる『岩田・翁論争』を裁定する論文を書いた。この論争は、岩田規久男・上智大学教授（当時、のちの日銀副総裁）が、通貨供給量の伸び率低下は日銀の金融政策に起因するものだと主張したのに対して、日銀の翁邦雄さん（日銀金融研究所長などを歴任）が反論したもの。私は日銀による通貨供給量のコントロールは中長期的には可能でも、短期的には難しいと結論づけた」

植田氏の口からはこんな話も。

「貨幣をめぐる世界は十分に解明されていない部分も多く、昔書いたものを読むと、恥ずかしい思いがするときもある。ただ、研究を進めた結果、認識が変わるのは悪い話ではない。あまり頻繁に変わるのは問題だろうが」

東大の教授になって4年目の96年夏、1年間のサバティカル（研究用の休暇）を利用して、再び政策当局に入る。いよいよ日銀に籍を置いたのだ。調査統計局の客員になり、経済見通しづくりにたずさわった。

これがのちに、日銀審議委員になるきっかけとなった。審議委員は98年4月施行の現行日銀法で新設されたポスト。日銀の最高意思決定機関である政策委員会のメンバーである。

政策委員会は総裁、2人の副総裁、そして6人の審議委員で構成する。政策委のうち金融政策を議論し、決定するのが金融政策決定会合だ。つまり、審議委員は正副総裁とともに金融政策を決める重要な役割を担う。

福井氏が人選を助けていた日銀審議委員

審議委員になった経緯を植田氏はこう振り返る。

「審議委員にならないかと直接声をかけてくださったのは、調査統計局長だった松島正之さん。97年夏だった。審議委員は内閣が任命するのだが、副総裁だった福井俊彦さん（2003~08年に総裁）が人選を助けていたようで、松島さんは福井さんの意向を受けて話してくださったのだと思う」

福井氏はその後、総裁に就くなど存在感が大きく、今も「日銀OBの首領《ドン》」と目されている人物だ。

ちなみに、福井氏は23年春の日銀正副総裁人事で副総裁に就いた内田眞一氏の日銀への採用を担当した人物でもある。内田氏は1986年入行で、福井氏はその前年まで人事局次長を務めていた。

福井氏が日銀に招き入れた人物が総裁と副総裁に就いたともいえる。

植田氏の話に戻すが、審議委員就任の「打診」に対して、同氏は即答せず、「1ヶ月くらい考えさせてほしい」と答えたという。

「審議委員になっても、やれることは限られるという思いがあった。そのころの政策金利（日銀が金融政策を実施する際に操作する金利）だった無担保コール翌日物金利は年0・5％をやや下回る水準。ゼロに近かったからだ。東大に戻れる保証がない点に不安も感じた」

しかし、最終的には現実の政策をのぞいてみたいという思いに傾いたという。

「利下げ余地は限られていても知恵を絞る余地はあると前向きにとらえた。東大に戻れなくても別の大学から声をかけていただけるだろうと考えた」

実際、その後、限られた利下げ余地との戦いを審議委員として繰り広げる。審議委員時代を振り返った2005年出版の著書のタイトルも『ゼロ金利との闘い』（日本経済新聞出版）だった。

日銀ＨＰではもう読めない審議委員就任記者会見

１９９8年4月8日、いよいよ審議委員に就任した植田氏。その第一声となったのが4月13日の就任記者会見であった。

普通、政策委員会メンバーの講演や記者会見は記録として残され、一定期間は日銀のホームページで公開されている。ただ、このときの記者会見はもう25年前のものであり、既に見られない状態になっている。

だが、筆者はその記者会見の記録を持っている。興味深い内容なので、一部紹介してみる。

まず、審議委員就任要請を引き受けた理由としてこう語っていた。

「引き受けるにあたっての私の気持ちとしては、そもそも学者になった経緯が、私は金融ないし金融政策を勉強したかったというのがあった。そのまた理由としては、金融論、あるいは中央銀行の活動に対する分析などは、非常に神秘的なものが多く、一般の方にとってもそうであろうが、学者にとってもわかりにくいものが多い」

「例えばマネーサプライ（通貨供給量）論争などいろいろな話があるが――私も知ったよう

なことを書いたことがあるが――よく考えるとわからないことも多い。そういうなかで、実際金融政策の現場に入っていろいろなことを経験できるというのは非常に魅力的な機会であるというふうに思ったということがある」

金融あるいは金融政策には「神秘的なものが多い」ととらえていた植田氏。それをいわば解明する機会として政策の現場に足を踏み入れることは「非常に魅力的」と受け止めたようだ。

金利を名目金利ではなくインフレ率を考慮した実質金利で見るべきだという議論も展開している。こんな発言だ。

「長期債の利回りは90年末には６・５％であったが、現在は１・６％というふうに５％程下がっている。これは非常に大きな下落であるが、本来は実質金利というものを見なくてはいけないわけであり、当時のインフレ率が３・３％、現在はほぼゼロ％ということなので実質金利ベースでは３％強から１・６％まで、約１％強の低下を見たに過ぎないということがいえるかと思う」

つまり、インフレ率が下がってしまうと、いくら名目金利を下げても実質的な緩和効果は限られてしまうということだろう。植田氏が日銀審議委員に就いた98年に日本のデフレ（物価が持続的に下落する現象）は始まったとされているが、就任会見時から物価下落による実質金利の上昇圧力への危機感を示していたように見える。

「量的緩和」にも言及していた審議委員就任時

前述の通り、政策金利（無担保コール翌日物金利）は既に平均的にみて0・5％をやや下回る水準という低さになっていた。利下げ余地が限られていたのだが、植田氏は追加的な緩和のやり方として金利を下げる以外の選択肢にも触れていた。

「（金利の引き下げとは）まったく別のタイプの金融緩和政策も考えうるということである。学者的な表現で申し上げれば悪影響が少ないと思うが、例えばマネタリーベース（資金供給量）とかマネーサプライを金融政策の目標とする」

「例えばマネタリーベースであれば、現在約10％の率で伸びているが、この目標水準を15％とする。そのためにいろいろな金融調節を行うというような金融政策スタンスもあってよいかなというふうに、私は個人的に考えているが、まだ個人的に考えているという段階である」

金利の引き下げではなく資金供給量の増加で経済を刺激しようという、量的金融緩和政策への言及だ。その後の金融緩和政策の「進化」を予見するような発言だったといえる。翌日

（4月14日）付の日経金融新聞のコラム「ＢＯＪウオッチャー」はこう書いた。

「植田氏の前に定例の記者会見をした速水優総裁は、０・５％の公定歩合をやや下回る水準にコール翌日物金利を誘導する政策運営が『いま取れる精いっぱいの措置ではないか』と述べ、政策変更の余地が極めて限られているという認識を示した。日銀の公式見解はこれだが、民間エコノミストには『植田委員の意見の方が違和感がない』という指摘が多い」

過去の日銀の金融政策について、学者としての見解を問われると、こんなふうに答えていた。

「私が過去30年くらい、70年以降を見た場合、――よくいわれることであるが――日銀の金融政策ははっきりしているという意味で2度大きく間違えていると思う」

「1回目は、70年代初めのインフレ時期。2回目は、おっしゃったような80年代後半の時期である。いずれも金融緩和政策の激しいものを、長い期間続けすぎたことである」

「そうなった理由は、私も１００パーセント知っているわけではないが、大抵の場合、経常収支黒字がまず大幅になって、それが円高を引き起こした。経常収支の黒字は日本に対する内外からの内需拡大圧力につながった。それから、円高も製造業に対して、特に強いマイナスを及ぼすということから、内需拡大圧力――特に金融緩和圧力――を強めた」

「これらの圧力が、政治、あるいは場合によっては大蔵省を通じて、日銀にかかわるなかで、金融緩和政策から引き締め的政策に転じるタイミングが遅れたということが、今申し上げた2つのミスの大きな原因であったというふうに考えている。こういう間違いを犯さないような配慮が重要だということと、制度的にもある程度の独立性が担保されたということで、間違いを犯さない可能性は高まっているというふうに思うが、私どもの努力次第であるということである」

「メディアデビュー」で円安の混乱招いた苦い経験

さて、日銀審議委員としての仕事を始めた植田氏は、すぐに苦い経験をする。

きっかけは、外国メディアのインタビューに応じたことだった。収録したのは4月27日午前。質疑は英語で行い、そのメディアが運営するテレビにも流れる段取りになっていた。

「世界の市場参加者に情報を発信できる、審議委員としてのメディアデビューに格好の舞台と判断し引き受けたが、不用意な発言で騒ぎを引き起こす結果になってしまった」という。

為替市場では、前年夏のアジア通貨危機以降の流れなどを受け円相場が下落基調にあった。日本の金融機関の経営危機説や円暴落説も流れていたとあって、インタビューでも円安に関する質問が出た。

　植田氏が言及したのはまず円安の問題点だった。

「円が暴落した場合にアジア通貨に与える影響は懸念している」「経常黒字拡大を通じて対米摩擦を招く政治的なリスクもある」

　と話したうえで「こうした点を除けば、円安は間違いなく日本経済を下支えするだろう」と語り、「5～10％程度の円安であれば、日本経済に与える（既に述べたようなマイナスの）影響はそれほど深刻ではない」と付け加えた。

「私は円安を促すような意図は特になく、円安の問題点とメリットをバランスよく説明したつもりだった。学者なら合格点だっただろうが、政策当局者としては問題があった」と振り返る。

　市場参加者は「5～10％程度の円安であれば……」という部分を「円安容認発言」と解釈して材料視し、円を売りあびせたのだ。

　当時の新聞を見ると、「植田発言で円売り加速――『5－10％の円安経済に影響軽い』」（4月28日付日本経済新聞）という記事が載っている。

　同じ日の日経金融新聞もこう報じた。

「27日の東京外国為替市場で円相場が急落、一時、前週末終値に比べ3円9銭安い1ドル＝132円85銭を付けた。きっかけとなったのは、物価の下落と景気の後退が同時進行するデフレへの懸念を強くにじませた植田和男審議委員の発言だった」

「外為市場が反応したのは『円が5～10％程度下落しても経済に与える影響は深刻ではない』という、円安容認とも受け取れる発言だった。大蔵省の榊原（英資）財務官が円安を強く牽制する中で、市場は大蔵・日銀の微妙な足並みの乱れを見逃さなかった」

この騒動について、植田氏は次のように振り返った。

「市場参加者は、その時々で欲している材料がある。円安基調にあった98年4月時点では、円を売るための材料を探していた。いくら円安の問題点も含めて説明しても、メリットの方にしか注目が集まらない。ご丁寧にも、『5～10％程度の円安』とまで具体的に触れた。注目されて当然だ。『為替レート動向は常に様々な観点から注視している』くらいの発言で済ませるべきだった」

学者と当局者では対外的な発言時の心構えに違い

そして次のような教訓を得たとしている。

「政策当局者は、市場参加者にメッセージを送る必要があるときは別として、何が市場にとってニュースかを常に頭に入れ、そこを避けて発言しないといけない。学者気分でいると、丁寧にかつバランスよく説明したいという思いから、ついつい余計なことを言ってしまう。結果的に市場を混乱させる恐れがある。政策当局者と学者では、対外的な発言時に持つべき心構えが違うことを、騒動を通じて痛感した」

学者と政策当局者とでは、対外的な発言をする際の心構えが違うという点は、日銀総裁としての植田氏の発言を読み解くうえでも、重要なポイントだろう。

それと多少関連してくる話だが、学者と当局者では情報発信の仕方だけでなく、情勢判断や政策に関する考え方も異なりうる。したがって、過去に植田氏が学者として著書や論文で指摘したり講演で述べたりしてきた内容を、総裁としての植田氏の行動を占う際にどうとらえるかは、今後、重要な論点になる。

筆者は2023年4月10日の総裁就任記者会見で、そのあたりをズバリ聞いた。植田氏の答えも含めて、詳しいことは第4章をご覧いただきたい。

日銀審議委員時代の植田氏の話に戻る。

主に2つの事実が重要だ。

第1に、1999年に、金融政策の歴史に残るイノベーション（革新）といえる時間軸政策の立案で中心的な役割を果たした。第2に、2000年に、速水優総裁（当時）が主導したゼロ金利政策の解除に反対票を投じた。

前者から述べよう。

日銀は1999年2月にゼロ金利政策を導入し、政策金利を下げる余地がなくなった（現在のようなマイナス金利政策は存在していなかったので、ゼロが政策金利の下限だった）。その後の対応についていろいろと考えた末に時間軸政策にたどりついたのだ。

長期金利を低位安定させる「秘策」の導入を主導

植田氏はこう回顧する。

「伝統的な中央銀行の仕事は、政策金利（短期金利）を操作し、物価をコントロールすることだ。では、政策金利に下げ余地がなくなったらどうするか。長期金利（国債の利回り）を下げるしかない。長期金利は、将来の短期金利がどうなるのかという期待に左右される。中銀が一定の条件を満たさない限り利上げはしないと約束すれば、長期金利に下げ圧力を加えられる。これが時間軸政策だ」

「ヒントはFRBのエコノミストが書いた論文から得た。論文はFRBの幹部だったドナルド・コーン氏（のちに副議長）にもらったものだった。私なりにアイデアを発展させて、一定の条件が満たされるまでゼロ金利を続けると約束したらどうかという趣旨の発言をしたのは、99年3月から4月にかけての金融政策決定会合だった」

既に開示されている金融政策決定会合議事録から、植田氏の具体的な発言を引用してみよう。時間軸政策について、踏み込んだ提案がなされたのは3月25日の会合だった。

植田氏はこう述べた。

「もちろん、ゼロ金利は異常事態であり、無制限に続けるべきものではない訳だが、景気が本格的に立ち直るまではこれを続けるという方向感でのメッセージで、市場にとって若干驚きがあるようなものを何か入れられるかどうかは検討に値する」

植田氏によれば、こうした発言の後、「副総裁だった山口泰さんらも同じ意見を述べられるようになった」という。

実際、山口泰氏は99年4月9日の決定会合でこう発言した。

「オーバーナイト・ゼロという政策をいつまで続けるべきかについては、あるいは今少し明確にした方が良いのではないかとも感じている」

「現在のオーバーナイト・ゼロ金利政策がある程度長期化するのを覚悟するということであるが、その点を鮮明にすることにより、結果的には金利の全期間にわたる低位安定を促し、政策効果を極大にしていくことになると思われ（る）」

植田氏はこう呼応した。

「山口副総裁が言われたように、何らかの形でオーバーナイト・ゼロの政策に強いコミットメントを持っていることをマーケットなどに表明することには私も共感を覚える」

そして山口氏は提案した。

「ここ数年間、採ってきた金融政策は持続的な経済の成長を促す、インフレでもデフレでもない物価の安定を目指すということだった訳であり、ある種そうした状態が実現するまでは歯を食いしばって頑張るということを、総裁会見などで改めて表明してはどうか」

こうした見解に委員の支持が広がるなか、4月13日の記者会見で速水総裁が、デフレ懸念の払拭が展望できる情勢になるまでゼロ金利政策を続けるという方針を示した。時間軸政策が導入されたのである。

日本発の金融緩和政策のイノベーション

植田氏はこう語っている。

「もともとゼロ金利政策は、98年12月に長期金利が跳ね上がった事態への対応として出てきたものだ。ゼロ金利と時間軸の効果が合わさる形で、その後の長期金利の安定を促せたと思う」

日銀がゼロ％程度という具体的な誘導目標を示して長期金利（10年物国債利回り）を操作する政策に踏み切ったのは２０１６年９月だが、長期金利への関与自体はその17年前に始まっていたのだ。このイノベーションをリードしたのが植田氏だったのである。第２章で言及する通り、時間軸政策は順次強化されていく。

植田氏は前出の著書『ゼロ金利との闘い』でこう評価している。

「時間軸政策採用もあり、長期金利はその後も低下を続け、５月中旬過ぎには、10年新発国債利回りは、１・２％台前半を記録した。ただし、その後は景気改善を示す経済指標の発表が徐々に増えたこともあり、夏から秋にかけて２％前後まで上昇する局面もあった。しかし、その後現在に至るまで、10年債利回りが数ヶ月以上の期間継続して２％以上の水準にあったことはなく、中長期金利は基本的に低位で安定してきたとの評価を下すことができよう」

時間軸政策は、やがて海外の中央銀行にも作用されるに至り、フォワードガイダンスという名称が一般的になる。植田氏が主導した日本発の金融緩和政策のイノベーションがグローバルに広がったのだ。

ちなみに、序章でも触れたように日銀は当初、時間軸政策の英訳として「プリコミットメント・ポリシー」なども使っていたと記憶する。将来の行動をあらかじめ約束してしまうといった意味だろう。フォワードガイダンスより本質を突いていた印象があるが、どうだろうか。

総裁主導のゼロ金利政策解除に反対票

さて、日銀審議委員時代の植田氏の動きとしてもうひとつ重要なのが、00年8月のゼロ金利政策解除に反対した出来事だ。解除は速水総裁主導で決まったものだったが、植田氏は反対票を投じた。当時をこう振り返る。

「速水総裁をはじめ賛成票を投じた多数派は、ゼロ金利解除の条件である『デフレ懸念の払拭の展望』が満たされたと判断されたようだ。しかし物価上昇率はまだマイナス。（いったん上昇していた）株価も既にピークを打っていた。私はあえてリスクをとる必要はないと考えた」

00年8月の消費者物価上昇率（生鮮食品を除く）はマイナス0・3％だった。株価はどうだったかというと、春に2万円を超えていた日経平均株価が8月には1万6000円台を中心とした推移になっていた。

ゼロ金利解除を決めた8月11日の決定会合の議事録を見てみよう。植田氏は、解除ではなくゼロ金利政策の維持を主張する理由として「大きくは2つ」あるとした。

ひとつめは「市場動向、特に株式市場動向」であり、次のように述べた。

「（当時経営破綻した）『そごう』だけではなくもう少し様々な要因で株価が調整してきてとりあえず下げ止まったと見られるところである。今後どこまで戻せば安心かというハードルの設け方には意味がないが、安定した、あるいは方向感として上向きであることの感触を得たいと思う」

植田氏が感じた株価下落リスクが顕在化

株価については、こんな発言もしていた。

「そごうや日債銀（の譲渡をめぐる）問題、あるいは需給動向などやや短期的と見られる要素の影響が峠を越したかどうか、より中長期的には日本経済、あるいは企業収益に関する我々の見方にさや寄せされていくのかどうかといった分岐点みたいなところにあるかと思う。どちらについても大丈夫だというのが私なりのベースラインシナリオであるが、若干のリスクがあり、もう少し動向を見たいというのが正直な気持ちである」

結局、その後の株価は植田氏が感じたリスクが顕在化する動きとなった。年末の日経平均株価は1万4000円を割り込んだのだ。植田氏の秀でたマーケットセンスを示す話といえる。

植田氏はゼロ金利解除を時期尚早と考えたもうひとつの理由として、米国の有力経済学者、ジョン・テイラー氏が発案した最適な政策金利を算出する計算式（いわゆるテイラー・ルール）にも触れた。

「テイラー・ルールでは適正金利を大きな幅でしか捉えられないので、それでもって直ちに足元の金利を決めるようにはなりがたい気がする」としつつも、「それでも、適正金利の幅を見てみると、残念ながら現状ではゼロよりも下の方に出てくる可能性がかなり高いことを私としては心配してきた」と述べた。

このあたりは、経済学の理論の限界を踏まえつつも、それをできる限り重視しようとする植田氏らしい議論の展開の仕方だ。

執行部はどう考えていたのか。植田氏はこんなふうに語る。

「当時日銀執行部が重視していたのが法人企業統計での非製造業の中堅・中小企業による設備投資。それが伸びてきたので、大丈夫だと思ってしまったようだ。私はそれだけでは安心できないと考えた。実際、その後景気は悪化。ゼロ金利解除は批判された」

前の晩まで執行部は「賛成してくれないか」と

植田氏によると、日銀の執行部は植田氏になんとか賛成してくれないかと言ってきたという。

「金融政策決定会合の前の晩まで、日銀の執行部から『できれば解除に賛成してほしいのですが』と言われた」

実は決定会合の席でも、執行部の藤原作弥副総裁の口からこんな言葉が飛び出した。

植田氏が「皆さんに説得されれば変わることはやぶさかではないと思う」と語っていたのを受けた発言で、「私には何も態度を変えてもらう資格もなければ、権限もないし、理論的な裏付けもないが、もしお考えを少し微調整していただけるなら、非常にありがたいと思う。というのは政策決定はやはりできるだけ多くの人の賛同を得た形にしたいと思うので」

執行部は、金融緩和の必要性を主張する中原伸之審議委員は反対票を投じそうだとわかっていた。仮に植田氏が反対派に加わっても、7対2の賛成多数で可決はできる。だが、有力な経済学者である植田氏の反対は、ゼロ金利解除の理論的正当性に問題がある印象を与えかねない。執行部が気にしたのはその点だったと見られる。

植田氏は振り返る。

「多数派につく方が精神的に楽だったかもしれないが、理屈を重んじる姿勢を放棄したら、学者出身者としての存在意義はなくなってしまう。ゼロ金利解除への厳しい批判のなか、日銀は01年3月に量的金融緩和政策を導入。物価上昇率がゼロ以上になるまで解除しないと約束した。時間軸政策がより強化されたのだ」

量的緩和の導入は、事実上のゼロ金利政策復帰でもあった。つまり、日銀は解除から1年もしないうちにゼロ金利政策に戻ったのだ。

景気への悪影響などを懸念した政府は、2000年8月のゼロ金利解除に反対で、議決を延ばすよう要請する権利も行使する騒ぎになった経緯があった。

政府は金融政策の決定自体には加われないものの、議決の先延ばしを求める権利は認められている。議決延期請求権と呼ばれるものだ。ゼロ金利解除は、政府によるその権利行使を否決しての決定だった。それだけに、短期間でのゼロ金利復帰に対して、政府側からも強い批判が出た。

ゼロ金利解除を批判した黒田氏

厳しい見方をしていた政府高官のひとりが当時、財務官として為替政策や通貨外交を担当していた黒田東彦氏だった。のちの日銀総裁である。

05年に出版した著書『財政金融政策の成功と失敗』（日本評論社）で、黒田氏はこう述べている。

「この日銀の政策決定は完全な誤りでした。そもそも、物価下洛が続き、デフレからの脱却もまったく展望できていない時点で、金融を引き締めに転じるというのは無謀というしかありません。経済は二〇〇一年に入ると停滞色を強め、デフレは一層深刻化していきました。バブル崩壊後二度目の景気回復は一年程度というきわめて短命なものに終わってしまったのです」

有力日銀OBのなかにも、ゼロ金利解除に対する厳しい声はある。

中曽宏元副総裁は22年に出した著書『最後の防衛線 危機と日本銀行』（日本経済新聞出版）にこう記している。

「実際、これが契機となって、日銀は、『緩和に消極的な中央銀行』であるというイメージが国内だけでなく海外の経済学者などの間に広がっていった感は否めない。結局、10年以上が経過した13年4月、量的・質的金融緩和（QQE）の実施により大規模緩和に踏み切るまで、日銀はこのネガティブなイメージに苛まれ続けることになった」

日銀の政策判断への信頼感を下げ、負の遺産となったゼロ金利解除。だからこそというべきか、それに反対票を投じた植田氏への評価は上がった。

リフレ派からもあまり反対論が出なかったワケ

23年春の日銀総裁人事で、植田氏の起用に対してリフレ派（脱デフレに向けて積極的な金融緩和や財政政策を重視する人々）と目される専門家や政治家からあまり反対論が出なかった印象がある。その理由のひとつは、かつてゼロ金利解除に反対した事実だったと考えられる。

リフレ派の政治家は自民党最大派閥の安倍派に多く、岸田文雄首相もその声を軽視できない。岸田氏はリフレ派の批判を受けにくい植田氏であれば、日銀総裁に起用しやすかっただろう。

かつてゼロ金利解除に反対した過去は、植田氏にとって政治的な資産になっているといえる。総裁として政策を決定・運営していく際にも、一定の意味を持ちうる要素だ。

以上、ゼロ金利解除に反対した植田氏の行動について述べてきたが、ここまでは、金融政策に詳しい人の間では比較的よく知られたことかもしれない。だが、実は話はここでは終わらないのだ。2つの事実を付け加えておこう。

ゼロ金利解除自体には反対した植田氏であるが、この決定を望ましくないと考えた政府による議決延期請求に対しては、反対票を投じた。結局、請求は賛成1、反対8で否決された。植田氏とともにゼロ金利解除に反対した中原伸之審議委員は議決延期請求にも賛成したが、植田氏は違った対応をしたのだ。

また8月の会合で解除に反対した植田氏は、次回9月の会合以降、無担保コール翌日物金利の誘導水準を「平均的にみて0・25%前後」とする議長提案に賛成した。

8月会合で植田氏とともに反対した中原審議委員が反対を続けたのとは、この点でも好対照な動きだった。

なぜ賛成したのかを植田氏に聞いたことがある。次のような趣旨の説明を受けた。

まず、8月の解除が時期尚早だったという判断自体は変えていなかった。ただし、植田氏にとってゼロ金利政策の意義とは、足元の短期の政策金利のゼロ%への引き下げよりも、それをテコにより長い金利に下げ圧力をかけることにあった。ゼロ金利をデフレ懸念の払拭が展望できるまで続けると約束し、長期金利を低位で安定させる時間軸政策だ。

ところが、ゼロ金利を解除してしまった後、再び金利をゼロに戻してももはや時間軸効果は期待できない。日銀は再び利上げするだろうという疑念を市場が持つと考えられるからだ。したがって、いまさら議長提案に反対しても意味はないと考えたというわけだ。

大勢順応的にならないが極端な方向にも行かない

決して大勢順応的にならずに自分の考えで動くが、かといって極端な方向には行かない

――。ゼロ金利解除時の植田氏の行動からは、そんな絶妙なバランス感覚が見てとれる。同氏の特徴といえそうだ。

ゼロ金利解除の10年以上後の話になるが、似たような植田氏の姿勢が感じられたもうひとつの出来事も挙げておこう。13年8月に開かれた政府の消費増税をめぐる集中点検会合での植田氏の対応だ。

14年4月に控えた消費増税（税率5％から8％への引き上げ）の是非をめぐり、経済界、労働界、学界、シンクタンクなどの有識者から意見を聞いた会合だった。

表明された意見の内訳はこうだった。予定通りの引き上げを主張したのが多数派の44人で、全体の7割を超えた。一方、引き上げの幅や時期を変えるよう求めたのが8人、反対あるいは先送り論を述べたのが6人だった。

実は植田氏はこのどれにも入っていなかった。賛否を述べなかったのだ。ただ「税率3％引き上げの悪影響は過小評価されている」とコメントしたと報じられた。

増税推進の財務省関係者は植田氏の対応に不満顔だった。このときの空気からいえば、多数派について賛成した方が精神的には楽だったかもしれない。逆にそうでなければ、はっきりと反対を表明した方がまわりの評価は良かった可能性もある。

しかし、あえて賛否を述べなかった。

「明確に判断できない事項については、知ったかぶりせずに、わからないと言うから安心できる」。かつて一緒に仕事をした有力な日銀ＯＢの植田氏に関する評価だ。

14年４月の消費増税が適切だったかどうかの評価は様々だろう。ただ、少なくとも日銀にとって「税率３％引き上げの悪影響は過小評価されている」という植田氏の指摘は重い意味を持った。

13年春に始めた異次元金融緩和のもと当初順調に拡大を続けた消費者物価上昇率に、14年度に入ると強いブレーキがかかった。その一因が消費増税による消費への悪影響だったからだ。

結局、同年秋に追加緩和を余儀なくされたが、15年春に物価上昇率はゼロ％程度に戻ってしまった。「２年で２％」のはずが「２年でゼロ％」になったのだ。

弟子の育成が十分できなかったのが心残り

理論と政策を行き来するなかで活躍してきた植田氏。充実した日々だったと思われるのだが、心残りの点もあると語る。弟子の育成に十分な時間を割けなかったというのだ。こんなふうに話していた。

「一般的に学者は40代後半になると、いわゆる弟子の育成をする。私の恩師に当たる宇沢弘文先生、小宮隆太郎先生、浜田宏一先生らも、40代後半から50代に私の面倒を見てくださった。私の場合、46歳で日銀審議委員になり、大学に戻ったのが53歳。弟子を育てる仕事が、十分にできなかった。心残りであり、寂しい気もしないではない」

「大学に対するせめてもの恩返しになればと、東大に戻ってからは、自分の研究だけをするのではなく、経済学部長を務めたり金融教育研究センターという組織の事務方のヘッドをやったりと、事務的な仕事も担った。お金集めのために企業を回るなどして、結構苦労した。特に経済学部長を務めた2年間（05～07年）は研究者に戻り損ねた感じがして、ストレスがたまったものだ。今振り返れば、いい経験もしたといえるかもしれないが」

17年には共立女子大教授に転じ、ビジネス学部の新設・運営に尽力した。

「東大時代から、授業でも日銀時代の経験についてよく話した。私は学者が政策立案に積極的にかかわることを実践した第1世代。次の世代が同じ姿勢をより良い形でとり続けるよう指導するのが、重要な仕事だと考えていた」

「次の世代に何を期待するか？」と聞くと、「もっと日本の現実を踏まえた研究や議論をすることだ」と語っていた。

欧米経済学の輸入で始まった日本の経済学の不幸

日本の経済学についてこう話していたのには、筆者も強い共感を覚えた。

「日本の経済学は欧米の経済学の輸入で始まった不幸な歴史を持っている。日本の現実を踏まえない議論が交わされがちだ。例えば日銀が非伝統的政策をやり始めたときに、マネーをたくさん出せばデフレが止まるということを言った人が多かった。物価はマネーの量と比例するとの、貨幣数量説という学説をそのまま当てはめたものだった」

「しかしよく考えると、金利の低下余地が小さくなってくれば、そう簡単ではないことがわかる。『マネーを増やす→金利が下がる→支出を刺激する→デフレ防止効果が出る』という関係が成り立ちにくくなる」

「日銀は時間軸政策で長めの金利まで押し下げてきたから、長期金利も含めてそう下げる余地はないところまで来た。とすれば、金融政策に対して大きな景気刺激効果は一段と期待しにくくなる。金利がゼロ近辺に下がり、政策の発動余地が狭くなるという事態にいち早く直面した日本の現実。それを踏まえた議論がもっと交わされるべきだった」

序章でも触れた通り、植田日銀は最初の金融政策決定会合で、過去25年間の金融緩和政策のレビューを実施すると決めた。この決定を聞いたとき、「日本の現実を踏まえた議論がもっと交わされるべきだった」という植田氏の言葉を思い出した。

「過去、日本の金融政策が直面してきた現実のレビューを通じて、大げさに言えば欧米で発展した経済学の教科書を書き換えるような分析が出てくれれば興味深い」。元日銀理事でみずほリサーチ&テクノロジーズのエグゼクティブエコノミスト、門間一夫氏はそう期待する。

若い世代はもっと海外に情報発信を

実際、植田氏は海外の理論の「輸入」に終始するのではなく、もっと情報を発信することも次の世代の課題だと語っていた。

「海外にもどんどん出ていって、下手な英語でもいいから積極的にモノを言ってほしい」。そう語っていた植田氏は、東大時代には毎年、ゼミの学生と海外でおちあう研修旅行をしていた。

「事故でもあったら責任を問われかねないという声もあるかもしれない。しかし、いい教育には一定のリスクが伴うと、割り切っていた」と語っていたのが印象的だった。

総裁として再び日銀に戻ってきた植田氏。初となる経済学者出身の日銀トップの姿を、多くの若手学者が見ているはずだ。

そうしたなかから「将来の植田和男」が育ち「理論と政策を行き来する」カルチャーが日本にも根づくなら、理論面の研究と政策立案の両方の「質」を上げるうえでも意味を持ちそうだ。

そのためにも、日銀総裁としての植田氏が「結果」を出せるかどうかに注目が集まる。

ところで、植田氏が起用された23年春の日銀総裁人事で、当初最有力と目されていたのは、当時副総裁だった雨宮正佳氏だった。過去四半世紀、課長、局長、理事、副総裁として金融政策の企画・立案・決定にかかわってきた日銀のエースだ。

だが、雨宮氏は総裁就任を固辞した。金融政策に深くかかわり続けてきたからこそ、総裁には適任ではないと考え、固辞したという。

「日銀は過去四半世紀、デフレとの戦いのなかで、様々な新たな金融緩和政策に挑んできた。次の総裁の重要な仕事はその検証作業になる。長年、金融政策に関与してきた自分では客観的に検証を進めるのが難しい。従って総裁になるべきではない」。これが雨宮氏の判断だった（唯一の理由だったかはともかく、そうした理屈で総裁就任を固辞した）。

総裁就任固辞の雨宮氏は経済学者の名前を挙げた

代わりに総裁候補となる経済学者の名前を、親しい関係にある嶋田隆首相秘書官に伝えたとされる。そのなかに植田氏の名前があったという。

これが日銀総裁候補としての植田氏の名前を岸田氏に伝えたひとつのルートだったようだ。嶋田氏は木原誠二官房副長官と並び、今回の日銀総裁人事の調整を担った首相官邸の重要人物だ。

海外のセントラルバンカーには学者出身者も多く、そうでない人も欧米流の経済学の知識は豊富だ。そうした人々との議論の輪に入り、意見と情報を交換するには、経済学に詳しいことが意味を持つというのが雨宮氏の判断だったと見られる。

結果的に植田氏が起用された。「岸田首相はよく決断していただいた」。雨宮氏はそう受け止めた。

もっとも今後、経済学者でなければ日銀総裁にはなれないというわけではない。「経済学の知識はあった方がいいが、経済学者であるか否かは本質的な問題ではない」と、有力日銀ＯＢは言う。実際、現時点でＦＲＢ議長のパウエル氏もＥＣＢ総裁のラガルド氏も弁護士出身。「トップは経済学者出身」が世界の中央銀行のスタンダードというわけではない。

植田氏起用の人事が示したのは、グローバル化する経済や市場という現実に対応できる人材でなければ日銀のトップにはなれない時代になった現実だろう。岸田氏が述べた同氏起用の理由もこうだ。「主要国中央銀行のトップとの緊密な連携や内外の市場関係者に対する質の高い発信力、受信力が重要となっている。こういった点も十分考慮して人選を進めた」

経済や市場がグローバル化し、日本の金融政策を決める際にも海外の当局者との情報交換や世界のマーケット参加者との対話が重みを増している。

植田氏は学者あるいは政策当局者として各国の中銀関係者に人脈を築いてきたので、海外と円滑に連携できる。岸田首相はそんな見方をしたようだ。

経済学の理論および当局者としての経験を踏まえた植田氏の説明に説得力もあり、世界の市場関係者への効果的な情報発信もこなせるとの期待も岸田氏にはあったと見られる。

財務次官はもう日銀総裁になれないのか

日銀のトップに求められる資質がこのようなものになってくると、エリート官僚の象徴的な存在ともいえる財務次官は、もう日銀総裁になるのが難しいとの見方も出てきそうだ。

図表1-2　四半世紀前から財務事務次官経験者はいない（歴代日銀総裁）

総裁就任年	氏名（敬称略）	出身
1969	佐々木直	日銀
74	森永貞一郎	大蔵省（事務次官）
79	前川春雄	日銀
84	澄田智	大蔵省（事務次官）
89	三重野康	日銀
94	松下康雄	大蔵省（事務次官）
98	速水優	日銀
2003	福井俊彦	日銀
08	白川方明	日銀
13	黒田東彦	財務省（財務官）
23	植田和男	学者（元日銀審議委員）

（出所）筆者作成

予算や税制など国家の根幹にかかわる政策を担い、「最強官庁」といわれる財務省。旧大蔵省時代、その事務方のトップである事務次官の経験者が日銀の生え抜きエリートと交互に日銀のトップを務めるのが慣行と見られていた時期もあった。

ところが、1998年に退任した松下康雄氏を最後に旧大蔵省や財務省の事務次官経験者が総裁に就いた例はない（図表1－2）。

「主要国中央銀行のトップとの緊密な連携や内外の市場関係者に対する質の高い発信力、受信力が重要となっている」。植田氏の起用について岸田首相がそう語ったことは既に触れた。

経済のグローバル化に伴い、政策運営や危機対応でも海外との連携が重みを増している。財務次官になるのは主計局などの国内部門を主に歩んできた人物がほとんどだ。日銀総裁が縁の遠いポストになっても不思議はない。そうした声は有力な日銀関係者の間にもある。

海外人脈持つ人物が日銀のトップに就いてきた

過去四半世紀の総裁人事のすべてが国際性を重視した観点で行われてきたわけでは必ずしもないものの、結果として総裁に就いたのが海外人脈を持つ人物だったのも事実だ。

速水優氏（在任期間1998～2003年）は国際担当日銀理事の経験者。福井俊彦氏（同03～08年）や白川方明氏（同08～13年）も、総裁になる前から、各国中銀関係者が集う国際決済銀行（ＢＩＳ）にかかわった。トップに就いてからもＢＩＳの中央銀行総裁会議（原則隔月開催）への出席を代理にゆだねず、自ら出席するよう努めた。

元財務官の黒田東彦氏（同13～23年）は国際通貨マフィアとして活躍。そして後任の植田氏も日銀審議委員を務めた経験を持つ経済学者として、各国中銀関係者と接点を持ち続けてきた。

図表1-3 日銀総裁には国際的な活躍も期待される
(増えてきた歴代総裁の海外出張回数)

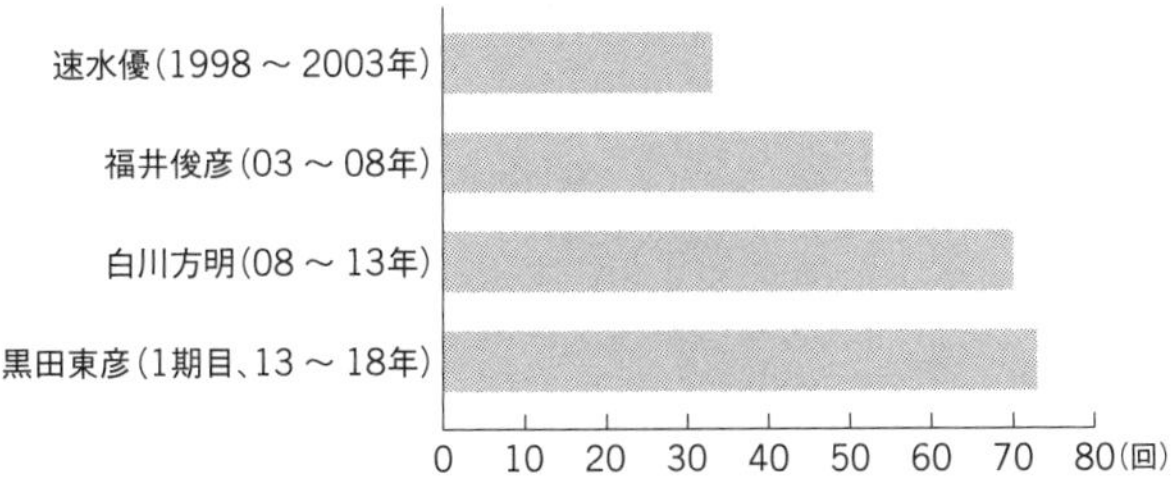

(注) 総裁は現行日銀法施行以降（敬称略、カッコ内は在任期間）。
黒田氏の2期目はコロナ禍で出張が減ったので1期目のみ記載
(出所) 筆者作成

日銀総裁の海外出張回数も増えてきている（図表1－3）。黒田氏の1期目（13～18年）は70回を超えた。平均すると毎月1・2回、海外に出かけた計算だ。2期目（18～23年）はコロナ禍の影響で海外に出る回数自体は減ったが、テレビ会議方式のものを含め国際会議出席は引き続き多かった。植田氏も総裁就任1ヶ月の時点で、既に2回の海外出張があった。

毎年夏に米国で開く経済シンポジウム、ジャクソンホール会議などにも積極的に顔を出して海外当局者との人脈を深め、いざというときはトップレベルで重要事項を交渉する。日銀を率いる人にはそんな働きが一段と求められるようになっている。

「新総裁の本当の修羅場は金融政策の正常化ではなく危機時の対応」。有力日銀ＯＢの指摘だ。

図表1-4　氷見野良三氏の略歴

1983年3月	東大法学部卒業
1983年4月	旧大蔵省入省
2003年10月	バーゼル銀行監督委員会事務局長
2006年7月	金融庁監督局証券課長
2007年7月	金融庁監督局銀行第一課長
2009年7月	金融庁監督局総務課長
2010年7月	金融庁総務企画局参事官
2012年7月	金融庁総務企画局審議官
2016年7月	金融庁金融国際審議官
2020年7月	金融庁長官
2021年9月	東大公共政策大学院客員教授
2022年1月	ニッセイ基礎研究所総合政策研究部 エグゼクティブ・フェロー
2023年3月	日銀副総裁

（出所）日銀のホームページを参考に筆者作成

大震災、金融危機、感染症の拡大――。深刻なリスクの顕在化が目立つようになっている時代だ。今後も台湾有事や南海トラフ巨大地震といったショックが日本経済を襲うかもしれない。例えば邦銀のドル手当てが難しくなれば米当局との交渉は重みを増す。

今後も財務省ＯＢが日銀首脳になるケースはあるだろうが、それは黒田氏のような国際関係での仕事の経験も豊富な人になるのではないか。

2人の副総裁、氷見野、内田両氏も国際派

副総裁として植田総裁を支える氷見野良三・前金融庁長官も、旧大蔵省出身だが、銀行監督規制などの国際交渉で実績をあげた人物だ。その抱負な国際人脈は日銀が金融外交を進めるうえでの大きな資産になるだろう。同時に、同氏は、金融政策と並ぶ日銀の仕事である金融システム安定策で重要な役割を果たしそうだ（図表1－4）。

ちなみに、もうひとりの副総裁、内田眞一氏も国際担当理事を務め、日銀の金融外交を支えた経験を持つ。

内田氏といえば、日銀で金融政策の企画・立案の経験が長いことで知られる（図表1－5、1－6）。担当課長である「企画課長」を4年超務め、現行日銀法施行以降の最長記

図表1-5　内田眞一氏の略歴

1986年3月	東大法学部卒業
1986年4月	日銀入行
2007年5月	企画局参事役
2008年7月	総務人事局参事役
2010年7月	新潟支店長
2012年5月	企画局長
2017年3月	名古屋支店長
2018年4月	日銀理事
2023年3月	日銀副総裁

（出所）日銀のホームページを参考に筆者作成

図表1-6　「企画課長」の最長記録持つ内田氏（在任期間が長かった例）

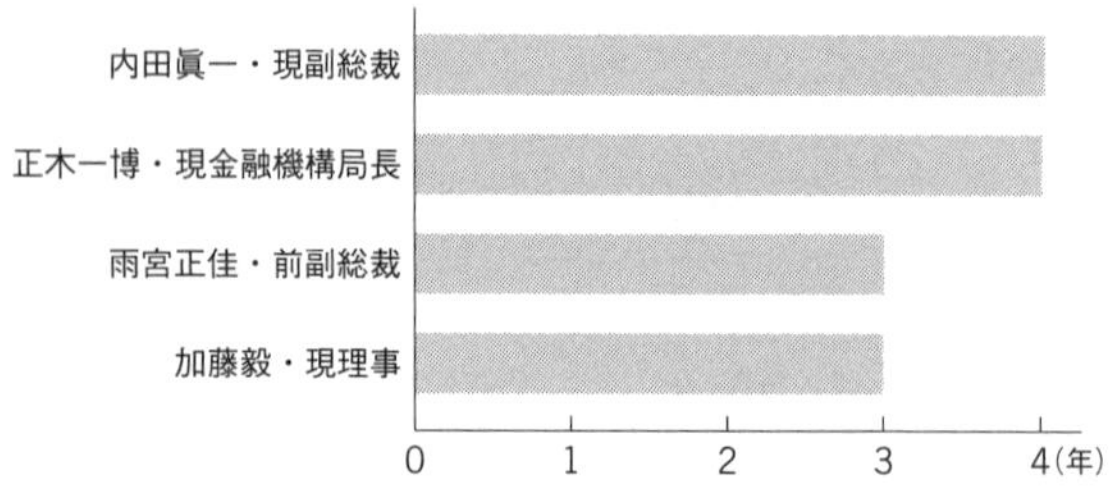

（注）現行日銀法施行以降。課制廃止時期は企画課長に相当するポストをそれと見なした
（出所）筆者作成

図表1-7　経済学系と法学系が交互に就く（現行日銀法下の日銀総裁）

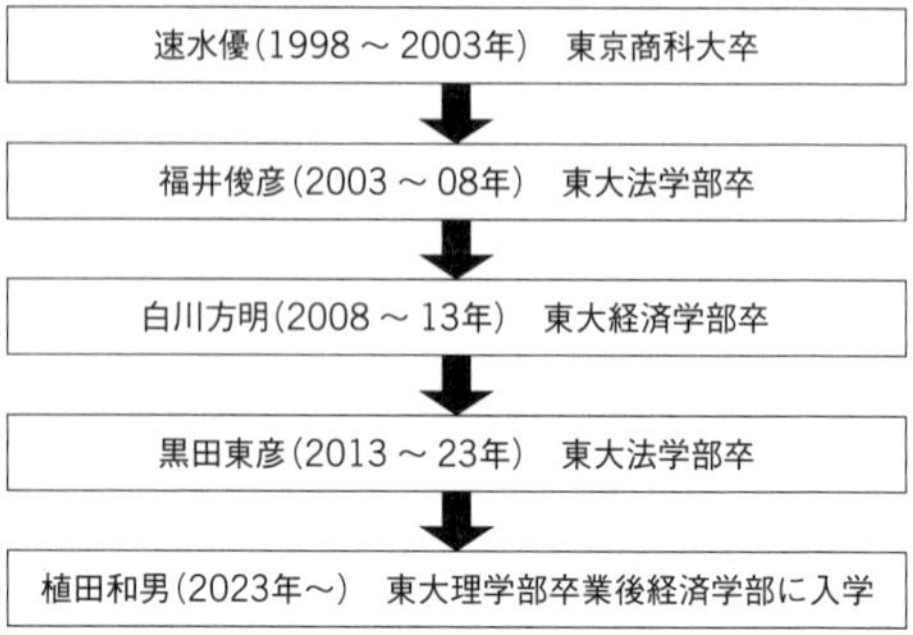

（注）敬称略、カッコ内は在任期間
（出所）筆者作成

録を持っている。40代の若さで就いた企画局長も長く務め、量的・質的緩和、マイナス金利政策や長短金利操作政策などの企画・立案に中心的な役割を果たした。ただ、国際派としての顔も持つのだ。

むろん国際的な活動ばかりが日銀総裁の役割ではない。政治から独立した立場での政策決定を実現するには、国内政治の現実にしたたかに対応する手腕も極めて重要だ。とはいえ、日銀のトップに求められる能力に新たな要素が加わってきているのは間違いない。

ところで、現行日銀法が施行された1998年以降の総裁を振り返ると、興味深い「学歴サイクル」に気がつく。大学時代に経済を学んだ人と法律を学んだ人が交互に務めているのだ（図表1－7）。

最初の総裁、速水優氏は旧東京商科大学（現一橋大学）で学び、卒論のテーマは「計画経済と統制技術」だったという。次の福井俊彦氏は東大法学部卒。その後任の白川方明氏は東大経済学部出身だ。

続く日銀総裁の「学歴サイクル」、次は法学部卒？

次の総裁の黒田東彦氏は東大法学部卒。司法試験にも受かった。そして現総裁の植田和男氏はいったん東大の理学部数学科を出た後、経済学に専門を切り替え、経済学部に入学。のちに米国の名門マサチューセッツ工科大学（ＭＩＴ）で経済学の博士号をとったことは前述の通りだ。

「サイクル」が続いているのだ。

法学部卒である前総裁の黒田氏は、のちに英国に留学し経済学も学んだものの、金融政策に関しては法学部卒らしい法学的なとらえ方に特徴があった。

前出の同氏の著書『財政金融政策の成功と失敗』を読めばわかる通り、黒田氏はデフレの原因は経済学の問題だが、責任は法律的な概念だと整理する。最後の金融政策決定会合（2023年3月10日）の後の記者会見でも、次のように述べた。

「私が申し上げていたのは、物価上昇、インフレなりデフレというものの原因について、金融政策だとか金融ですべて決まると言ったわけではなくて、原因は様々なもとで起こるし、現に1998年から2012年までのデフレ、この背後には、例えば金融危機が収束される過程とか、それから異常な円高になったこととか、さらには中国を中心とした新興国から非常に安い物資が日本のみならず世界中に供給されたとか、様々な理由があってデフレになっていたと思う。ただ、物価の安定をする（担う）責任はやはりどこの国でも中央銀行にあるわけで、原因が何であれ、物価の安定に向けて最善の努力をするという責任はやはり中央銀行にあるという点は、私は今でも変わらないというふうに思っている」

経済学的に見てデフレの責任が金融政策だけにあるわけではなくても、日銀法にもとづき物価安定の義務を負っている以上、日銀はデフレ防止に責任を持つべきだとの主張だ。

こうした法学的考えにもとづく大胆な金融緩和は、デフレ退治が重要な課題となっていた時期には一定の意味を持ち、「デフレではない状況」が実現した。

ただ、2％物価目標の達成には時間がかかり、様々な副作用も問題になるなど金融政策の限界を示したのも事実。物価変動のメカニズムや金融政策の効果に関する経済学的な分析も重みを持ってきたといえるだろう。

そういう意味でも経済学者の植田氏の起用には意義がありそうだ。

もっとも、前述の通り、今のＦＲＢやＥＣＢのトップは弁護士出身。中銀トップにとっては、経済学的発想だけでなく法律家的発想も意味を持つということだろう。日銀総裁の「学歴サイクル」には両者のバランスをとる意味もあるのかもしれない。

ちなみに、サイクルが今後も続くとすれば、植田氏の次は法学部卒の番。実は「次」の候補になりうる副総裁の氷見野氏も内田氏も東大法学部卒。これは偶然なのだろうか。

第　2　章

植田日銀は何を引き継いだのか

「非伝統的」から「異次元」へ、四半世紀の金融緩和の光と影

金融政策決定会合後、記者会見で日本経済の現状や
異次元緩和導入の理由などを説明する日銀の黒田東彦総裁
（2013年４月４日、提供：共同通信社）

「植田さんがどういう人なのかはわかった。では、植田氏が率いる日銀はどう動くの?」。既に読者の関心はその点に向いているはずだ。それは序章でも多少触れた論点だが、さらに深掘りするのはもう少し待ってほしい。

植田日銀の出方を占う前に、過去四半世紀の日銀の金融緩和政策を振り返っておきたい。そこには今後の金融政策の方向性を左右する要素も含まれているからだ。

植田和男総裁も2023年4月10日の就任記者会見で次のように語った。

「強力な緩和が、ある意味では20何年続いているので、それ全体を総合的に評価して、今後どういうふうに歩むべきかというような観点からの点検や検証があってもいいのかなとは思っている」

過去10年間の黒田東彦前総裁のもとでの異次元緩和だけでなく、「20何年続いている強力な緩和」全体を点検・検証し、そのうえで今後のあり方を考えた方がいいという認識の表明と受け止められた。

そして、実際に4月28日の金融政策決定会合では、過去の金融政策運営について、「1年から1年半程度の時間をかけて、多角的にレビューを行う」と決めた。

会合の後の記者会見で植田氏はこう語った。

「その当時使われていた政策手段がこの25年間を振り返ってみるとどれくらいの効果を持ち、効果はもし期待されたほどではなかったとすると、どういう外的条件、あるいはやり方のまずさ、そういうことが影響したのかということを分析する。それは将来、仮にそういう状況にもう一回陥ったときに、必ず役に立つ知見になるのではないかなと思った」

そこで、本章ではまず、13年4月の異次元金融緩和開始に至るまでの「非伝統的」と呼ばれる金融政策の「進化」の流れを振り返る。

そのうえで、「非伝統的」であるだけでなく「異次元」の内容にも踏み込んだ13年以降の緩和政策を詳しく分析する。

3つの点で重要な1998年

植田日銀は何を引き継いだのか――。その点がわかるはずだ。

話の起点は1998年である。この年は3つの点で重みを持つ。

第1に、物価の持続的な下落であるデフレが始まったとされる年だ（図表2－1）。日銀のデフレとの戦いが本格的に始まったタイミングでもある。短期の政策金利をプラスの領域で上げたり下げたりする伝統的な金融政策が終わりに向かった。やがて、非伝統的とされる強

図表2-1　日本では1998年にデフレが始まった
（消費者物価上昇率の推移）

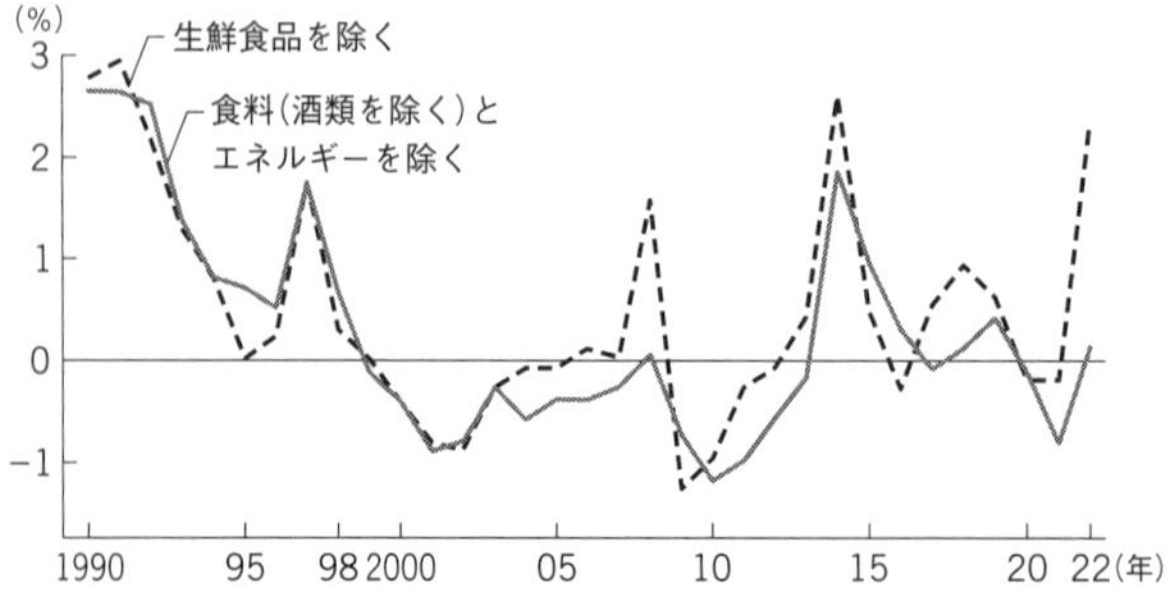

（注）2014年は消費増税、08年と22年はエネルギー価格の高騰があった
（出所）総務省

力な緩和が本格的にスタートする。

第2に、日銀に金融政策の「自主性」を認めた現行日銀法が施行された年でもある。政治家や政府からの独立性が上がり、日銀自身の判断で行動する余地が広がった。日銀自体の判断の検証が意味を持ち始めた時期といえる。

旧日銀法時代は「政府」に総裁解任権や業務命令権があり、特に旧大蔵省（現財務省）の金融政策に対する影響力は大きかった。

実は筆者の金融政策取材も89年に旧大蔵省の記者クラブで始まった。同年、筆者にとって金融政策取材の原点ともいうべき出来事が起きた。いわゆる「白紙撤回事件」だ。

この年の12月に新たに総裁に就いたのが日銀出身の三重野康氏。さっそく金利の引き上げに向けて動いた。実は澄田智前総裁時代に旧大蔵省との調整も終わっていたものだったという。しかし当時の橋本龍太郎蔵相から「白紙撤回」を求められたのだ。

背景には、この利上げの事前報道に橋本氏が不快感を持ったことがあったとされる。結局、少し遅れて利上げは実現したのだが、三重野氏がのちに日銀の内部向けに残した口述回顧録によれば、その後の利上げはやりにくくなったという。日銀が利上げに向けて調整しても、騒動の記憶があるため旧大蔵省の事務方がその話をなかなか大臣に上げなかったというのだ。

旧大蔵省だけでなく旧郵政省までが金融政策に影響力

実際にはその後も利上げは実施されたのだが、「白紙撤回事件」は当時の日銀が置かれた立場を象徴するような出来事であり、筆者の記憶に鮮明に残っている。

今の若い人は想像もできないだろうが、１９９０年代半ばに預貯金金利が自由化される前は、旧郵政省（旧自治省や旧総務庁と統合され現在は総務省）も金融政策に影響力を持っていた。当時、郵便貯金事業は旧郵政省が営んでおり、その金利は日銀の公定歩合と連動するのが普通だったことが背景にある。

旧郵政省（および自民党の郵政族議員）の意向が重みを持ったのは、主に金利を下げる局面だった。郵貯金利の引き下げをもたらし、その魅力が下がるため、同省はいい顔をしないとされていたからだ。旧郵政省は金融政策の変更を旧大蔵省を通じて事前に耳打ちされる立場にあり、利下げに難色を示すこともあったとされた。

実際、筆者が93年に旧郵政省（大臣はのちに首相になる小泉純一郎氏らだった）の記者クラブに所属したときも、金融政策取材が仕事のひとつだった。政策変更をめぐる観測が出始めると、担当課長を追いかけまわしたものだ。当時はまさに利下げ局面。政策変更時には旧郵政省への根回しが必要だったため、同省での取材は重要だった。

旧日銀法時代の状況を簡単に図式化すると、経済や市場に悪影響が及びかねない利上げには旧大蔵省が、郵貯金利を下げる利下げには旧郵政省がそれぞれ難色を示す傾向があった。

やや話がそれたが、98年が重要な年だと考える第3の理由に進もう。それは他ならぬ植田和男氏が日銀審議委員となり金融政策の決定を担い始めた年である点だ。

98年以降の政策の動きは、植田氏の発想に影響を及ぼしている可能性がある。政策決定に同氏がどうかかわったのかを含めて頭に入れておくべきなのだ。ちなみに、植田氏は2005年には審議委員を退いたが、その後も日銀金融研究所特別顧問を務めた。実際、05年以降も、筆者はしばしば日銀金融研究所内の一室で植田氏に取材した。

では、ここから過去25年間の話に入る。

まずは1998年当時の政策からだ。そのころの日銀の政策金利は「平均的にみて公定歩合水準（年0・5％）をやや下回る水準」だった。政策金利とは、日銀が金融政策（物価の安定を実現するための政策）を運営するときに操作する金利のこと。普通はごく短い金利（短期金利）であり、短期政策金利という言葉も使われる。98年時点では無担保コール翌日物金利を使っていた。

これは銀行が短期間お金を融通しあう場（コール市場）で、翌営業日まで資金を無担保で貸し借りする際に適用する金利である。

銀行は私たちから預金を集めているのでお金がたくさんあるイメージを持つが、場合によってそれだけでは十分ではなくなるときもある。その際には他の銀行から貸してもらう。

今はだいぶ状況が変わってしまったが、98年ごろの日銀は市場に資金を供給したり、市場から資金を吸収したりして、無担保コール翌日物金利を誘導し、政策を運営していた。その金利が上がったり下がったりすれば、最終的には銀行の貸し出し金利や預金金利も上がったり下がったりする。効果が世の中に及んでいくわけだ。

現行日銀法下で初の金融緩和

そして、日銀は98年9月に無担保コール翌日物金利の誘導水準を平均0・25％前後に下げる金融緩和を決めた。現行日銀法下での初の金融政策変更で、審議委員だった植田和男氏も賛成票を投じた。

政策変更の趣旨について、日銀の発表文はこう記した。「日本銀行は、経済がデフレスパイラルに陥ることを未然に防止し、景気悪化に歯止めをかけることをより確実にするため、この際、上記の金融緩和措置を採ることが適当と判断した」

同年夏、ロシアの経済危機が発生し世界的に株価が急落。実体経済にも悪影響を及ぼす懸念があったことに対処したわけだ。

声明文に「デフレスパイラル」という言葉が入っている事実に注目したい。デフレスパイラルとは、デフレ（物価の持続的下落）が実体経済に負の作用を及ぼし、それがさらにデフレ圧力を強めるという悪循環を意味する。

90年代のバブル崩壊以降、日銀は金融緩和を続けたが、緩和決定の声明文に「デフレ」の3文字が入ったのはこのときが初めて。日銀のデフレとの戦いが本格的に始まったといえる。

金融政策の決定を担い始めた植田氏が直接関与した初の政策変更は金融緩和であり、デフレとの本格的な戦いの始まりでもあった。植田氏のセントラルバンカーとしてのデビュー戦と、日銀のデフレとの戦いの本格的な開始は重なっていたわけだ。

なお、利下げを決めた金融政策決定会合の数日前に開かれた日米蔵相会談も、緩和決定の伏線になった。ルービン米財務長官（当時）が、ロシア危機を受けた世界経済の危機の回避に向け、「日本経済の再生は急務」と強調したからだ。同会談には、日銀からも山口泰副総裁（当時）が同席していた。

世界最大の経済大国であり、世界の基軸通貨を握る米国。その中央銀行である米連邦準備理事会（FRB）は、世界中央銀行とも呼びうるような存在感を持つ。米国の意向は、日本の金融政策を左右する場合もある重要な要素だ。現行日銀法施行後、初となる政策変更にも影響を及ぼしていた点は留意しておきたい。

金融政策の変化の話を続けたい。

99年2月に大きな出来事があった。ゼロ金利政策の導入である。背景にあったのは、前年からの長期金利上昇だ。

補正予算編成による国債発行増額をめぐる思惑に加えて、旧大蔵省が資金運用部の国債買い入れをやめると決めたことが響いた。

対応を求められた日銀が出した回答が、政策金利を当時の下限であったゼロ％に近づける追加的な金融緩和だった。

もっとも日銀の声明文に「ゼロ金利政策」と記されたわけではない。具体的な文言はこうだ。

「より潤沢な資金供給を行い、無担保コールレート（オーバーナイト物）を、できるだけ低めに推移するよう促す。その際、短期金融市場に混乱の生じないよう、その機能の維持に十分配意しつつ、当初0・15％前後を目指し、その後市場の状況を踏まえながら、徐々に一層の低下を促す」

「金利はゼロでもいい」と速水総裁

ゼロ金利政策と呼ばれるようになったのは、当時の速水優総裁（在任期間1998～2003年）が記者会見で「（無担保コール翌日物金利は）ゼロでもいい」などと述べたからだ。

政策金利をプラスの領域で上げ下げしてきた金融政策が終わった歴史的な瞬間だ。

これを金融緩和の「進化」の第1段階と呼ぶ。

重要なことは、第1段階の新しい要素が「ゼロ金利」だけではなかった点である。短期政策金利がゼロという当時の下限に達した事態を受け、まだ下げる余地があった長期金利の低下を促す政策にも挑み始めたのだ。これが時間軸政策であり、導入に植田和男氏が大きな貢献をした。その経緯は第1章で書いた通りだ。

長期金利の変動は、短期金利の動きに関する市場参加者の予想などに左右される。人々が先行き短期金利は上がると考えれば長期金利も上がりやすいし、逆に短期金利が上がらないとの見方が広がれば長期金利も低位で安定しやすくなる。

ゼロ金利＋時間軸政策

ならば短期政策金利を簡単には上げないと約束することで長期金利を安定させよう――。これが時間軸政策の発想であり、その効果を時間軸効果と呼ぶ。

ゼロ金利政策を実施する際に、日銀が時間軸効果を発揮させるために使った短期政策金利に関する約束は、「デフレ懸念の払拭が展望できる情勢になるまで利上げはしない」というものだった。

翌年（2000年）の8月、日銀はこの条件が満たされたと判断。ゼロ金利政策を解除し、無担保コール翌日物金利を「平均的にみて0・25％前後で推移するよう促す」とした。

この決定に反対票を投じたのが植田氏だったことは、第1章で見た。その判断の正しさが間もなく証明された。米国のＩＴバブル崩壊を受け内外の株価が下落し、経済状況も悪化したからだ。

ゼロ金利解除は間違いだったという声が世の中から出たのは言うまでもない。ゼロ金利解除は政府が議決を延ばすよう求める議決延期請求を否決するなかで決めただけに、政府や政治サイドの批判は強かった。

ゼロ金利解除への批判が生んだ量的緩和導入

日銀も対応せざるを得なくなり、01年3月に「通常では行われないような、思いきった金融緩和」（当時、日銀自身が使った表現）の採用を余儀なくされる。金利の引き下げではなく資金供給量の拡大で緩和効果を出す量的金融緩和政策である。資金供給量の目安として、銀行が日銀に持つ当座預金の残高を採用した。

この量的緩和政策が、金融緩和政策の「進化」の第2段階と位置づけられる。

日銀当座預金とはどういうものか。例えば、日銀が金融機関から国債を買い入れる場合、その代金はいったん当座預金に振り込まれ、そこから必要に応じて世の中に現金として出ていく。つまり、日銀が資産の購入を増やせば、当座預金の残高も増えるという関係にある。

ちなみに、当座預金と流通現金の額の合計がマネタリーベース（資金供給量）であり、日銀が直接世の中に供給したマネーの総額になる。そのお金をもとに金融機関がお金を貸すなどして信用創造のメカニズムが働くと、日銀が供給したマネーの何倍かの規模になりうる。その額を示すのが、マネーストック（通貨供給量）である。両者は異なる概念であることを知っておきたい。

中央銀行が供給したマネタリーベースが金融機関を通じた信用創造を通じて何倍かのマネーストックになる。これが金融政策の波及経路であり、中央銀行と金融機関の共同作業によって、緩和効果が発揮されるわけだ。

量的緩和導入時に強化された時間軸政策

量的緩和政策に話を戻す。量的緩和のもと、時間軸政策もより強力なものになった。量的緩和を「消費者物価指数（全国、除く生鮮食品）の前年比上昇率が安定的にゼロ％以上となるまで、継続する」と約束したからだ。

ゼロ金利政策解除の条件は「デフレ懸念の払拭が展望できるような情勢になること」という定性的なものだったのに対して、量的緩和のそれは具体的な数字を盛り込んだ。長期金利により強い下げ圧力がかかることが期待された。

日銀当座預金残高の目標は当初5兆円程度でスタートしたが、順次増額され03〜04年には30兆円台まで増えた。

ちなみに、量的緩和の開始とともに、無担保コール翌日物金利もゼロ％程度に下がる。量的緩和は事実上のゼロ金利政策という側面も持っていた。

長期国債の購入額については「日銀当座預金を円滑に供給するうえで必要と判断される場合には、現在、月4000億円ペースで行っている長期国債の買い入れを増額する」とした。一方で「日銀が保有する長期国債の残高は、銀行券発行残高を上限とする」という原則（いわゆる銀行券ルール）も導入。野放図な国債購入の増額で日銀による財政赤字の穴埋め（いわゆる財政ファイナンス）などにつながるリスクを封じ込めようとした。

銀行券とはいわゆるお札を指す。その発行残高を長期国債保有残高の上限にしたのはなぜか。日銀はあまり語らなかっただけに、ある有名な経済学者から「学問的な意味を厳密に突き詰めるとどうなるのか、私も教えてほしいくらいだ」というコメントを聞いたこともあった。

銀行券ルールの真意とは

長期国債保有残高の上限を銀行券発行残高にした理由を知るには、日銀のバランスシート（貸借対照表）の仕組みから理解する必要がある。

まず、世の中に出回っているお札は、日銀のバランスシート上では負債になっている。直感的には理解しにくいことだが、お札は日銀にとって借用証書のようなものなのである。銀行券という借用証書を金融機関に出す見返りに国債などを手に入れ、それを資産として計上する流れになる。

裏返して言うと、銀行券を日銀に持ち込めば国債など信用度の高い資産に換えてもらえる。そういう信用があるからこそ、本質的には紙切れでしかないお札が1万円といった価値を持つ。これはややあらっぽい理解だが、日銀が持つ資産が負債側にあるお札の信用を裏づけると解釈されるのは、こうしたカラクリによる。

注意しないといけないのは、先ほど説明した通り、日銀が銀行に供給したお金が、すぐにお札として世の中に出ていくわけではない点だ。

まず金融機関が日銀に持つ当座預金口座に振り込まれ、その後企業や個人の資金需要に応じて引き出される。そうやって人々の手元に届いたお札の集積分が、銀行券発行残高になる。つまり、日銀の負債には、主に日銀当座預金残高と銀行券発行残高の「2本柱」があるのだ。

では、将来日銀が金融緩和政策を転換し、金利引き上げに乗り出すとき、バランスシートにはどんな変化が起きるだろうか。日銀はそれまで積極的に供給したお金を回収し始めるが、財務上は債務を圧縮する行為であり、負債の構成要素のうち操作しやすい当座預金残高の削減から着手する。

重要なのは、それは自動的に当座預金の裏側にある資産の売却を意味することだ。売る資産が短期国債など短めの資産であればともかく、長期国債だったとすると、長期金利上昇という混乱を招きかねず、利上げへの転換がやりにくくなる。

だから、当座預金見合いの資産としては長期国債を持ちたくない。それこそが、保有長期国債をあくまで銀行券発行残高に見合った資産にとどめるという銀行券ルールに込められた真意だったと考えられる。

日銀がこの真意をあまり声高に語らなかったのはなぜか。「今から出口のことを心配して、積極的な緩和政策をためらうのか」という世論の反発を招きかねないから、と読むのが自然だろう（ただ、銀行券ルールはのちに異次元緩和のもとで適用停止となった）。

金融システム安定の効果はあった量的緩和

さて、以上の量的緩和政策は実体経済を強く押し上げたのか。その点には疑問も多く指摘されたが、潤沢な資金供給で金融システムが安定したとの評価はよく聞かれた。

というのも、量的緩和を開始し、拡大した時期の日本経済は、銀行の不良債権問題が未解決で、銀行経営が不安定だったからだ。それが市場心理を悪化させて株価下落を招き、景気を悪化させる要因にもなっていた。量的緩和による金融機関へのマネーの供給拡大が、そうしたメカニズムによる経済への負の作用を抑えた面があったのは事実だった。

植田和男現日銀総裁も量的緩和政策をこう総括する。

「市場に大量の資金を供給することによって、銀行の資金繰りを改善し、金融面からの悪影響を抑制することで、経済を支える効果があった。もっとも、この政策は、短期国債を買って日銀当座預金を供給する、という、経済的には性質が近い資産の交換にとどまったことか

ら、こうした面からの経済に対する刺激効果は限定的なものにとどまったというのが私の理解だ」（23年5月19日の講演）

やがて不良債権問題もおおむね解決し、景気は回復していく。そして、福井俊彦総裁（在任期間2003～08年）時代の06年3月には、まず量的緩和を解除した。金融政策の操作目標を日銀当座預金残高から無担保コール翌日物金利に戻し、それを「おおむねゼロ%で推移するよう促す」ことも決めた。量的緩和政策をいったんゼロ金利政策にしたわけだ。

同年7月にはゼロ金利政策も解除、コール金利を「0・25%前後で推移するよう促す」とした。07年2月にも追加的な利上げを決め、コール金利は「0・5%前後で推移するよう促す」とした。

量的緩和の幕引き作業をした後、ゼロ金利政策も終え、政策金利がプラスの領域で動く普通の世界に戻ったかに見えた。

リーマン・ショック後に金融緩和に逆戻り

だが、金融緩和が終わることはなかった。白川方明総裁（在任期間08～13年）時代のリーマン・ショック後に経済や市場は大きく混乱し、物価にも下落圧力がかかった。金融政策は再び緩和局面に戻っていった。10年10月には新しい政策の枠組み、包括的な金融緩和政策（包括緩和）が導入された。金融緩和の第3段階である。

「包括」という言葉が使われたのは、次の３つの緩和手段を「包括」するとされたからだ。

①無担保コール翌日物金利を０～０・１％程度に誘導する実質ゼロ金利政策

②「消費者物価指数の前年比で２％以下のプラスの領域にあり、委員の大勢は１％程度を中心と考えている」とする「中長期的な物価安定の理解」にもとづき、物価の安定が展望できる情勢になったと判断するまで実質ゼロ金利政策を続けると約束する時間軸政策

③国債、社債、コマーシャルペーパー（ＣＰ）、上場投資信託（ＥＴＦ）、不動産投資信託（ＲＥＩＴ）の購入などのための基金創設

時間軸政策と長期国債購入は、長めの金利を下げて経済を刺激するのが狙い。社債、ＥＴＦ購入などはリスクプレミアム（リスクに応じた資産価格の割引幅）の縮小を促し、企業の資金調達環境の改善や金融市場の安定を狙った。こうした経路を通じてデフレ脱却を目指すとされた。

ちなみに創設された「基金」を通じて買う長期国債は、銀行券ルールの対象外とされた。これを機にルールは徐々に有名無実化する。

約2年半続いたこの政策のもと、金融緩和に重要な要素が3つ加わった。

始まったＥＴＦ購入、インフレ目標も採用

まず、長めの金利を下げるための手段として、時間軸政策に加えて長期国債購入も活用する姿勢を鮮明にしていった。人々の短期金利の変化に関する予想に働きかけるだけでなく、長期国債の需給に直接影響を及ぼそうとするようになった。

また、リスク性の資産、特にＥＴＦの買い入れに初めて踏み切った。ＥＴＦとはたくさんの株式を組み込んだ投資信託の一種だから、日銀は「株式」の購入により、事実上の株価下支え策を始めたといえる。

日銀は速水総裁時代の02年に銀行が持つ株式の買い取りを始めたが、金融政策ではなく金融システム安定策という位置づけだった。銀行の株式保有を減らし、株価下落が金融機関経営に及ぼす悪影響を和らげようとしたのだ。

一方、包括緩和でのＥＴＦ購入は金融政策として手掛けた。日銀が物価の安定を目指す金融政策の一環として「株」を買ったのは初めてだった。

包括緩和のもと、一定の物価目標を示しつつ緩和策を進めるインフレ目標政策の採用にも

至った。

12年2月に1％の「中長期的な物価安定の目途」を示し、13年1月には政府との共同声明を公表し、2％の「物価安定の目標」も掲げた。目標を「できるだけ早期に実現することを目指す」決意も示した。

それまで具体的な目標に縛られ政策の自由度が下がることを嫌っていた日銀が、姿勢を転じたのだ。数値目標を示し実現まで超低金利を続けると約束したことで、時間軸政策の強化が期待できた。

デフレ脱却という結果は出せず

このような新たな取り組みも盛り込んだ包括緩和だったが、デフレ脱却という結果は出せなかった。そこで、13年4月、黒田東彦総裁（当時）のもとで導入されたのが異次元緩和だったのである。包括緩和に盛り込まれた新たな要素を、「異次元」のレベルへとさらに強化させた政策であり、緩和が第4段階に入ったのだ。

異次元緩和という名称は、13年4月にこの政策をスタートしたときに黒田総裁が「これまでとはまったく次元の違う金融緩和を行う」と語ったことに由来する。あくまで通称であ

図表2-2　4段階の「進化」で異次元緩和へ

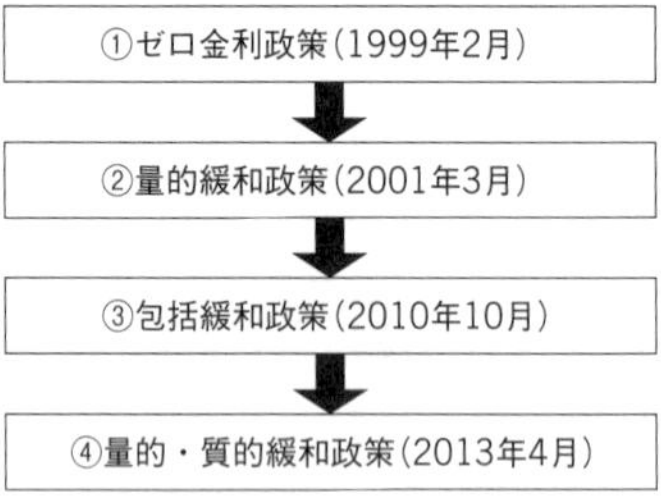

（出所）筆者作成

り、スタート当初の正式な名称は「量的・質的金融緩和」だった。

以上が異次元緩和に至る経緯である（図表２－２）。デフレが始まった１９９８年の後、日銀の金融緩和政策は「非伝統的」とされる領域で様々な策を打ち出したことが理解できたと思う。

それらが経済の安定に一定の貢献をしたのは事実だろう。仮に金融政策が「非伝統的」なチャレンジをしなければ、状況はもっと悪くなっていた可能性がある。ただし、デフレ脱却という結果は出せなかった。２０１２年度の消費者物価上昇率（天候要因による短期的な変動が大きい生鮮食品を除く）は前年度比０・２％のマイナスだった。

そこで日銀は「異次元」の世界へと進み、一段と踏み込んだ措置を導入していったのだ。

ここで注意を払うべきなのは、その後10年に及んだ異次元緩和を、単純に緩和策の強化を重ねたプロセスととらえるのは適切ではない点だ。実際には大別して2つの時期に分けられ、両者は違った意味を持っている。

つまり、植田日銀が引き継いだ異次元緩和も、当初とは異なるものになった。この点を理解する必要がある。

似て非なる異次元緩和の短期決戦と持久戦

異次元緩和は次のような2つの局面に大別される。

まず、2％物価目標の2年程度での早期達成に向けて短期決戦をした緩和強化期だ。13年4月から16年8月までが該当する。

次が2％目標の2年程度での早期達成をあきらめ、2％達成に向け粘り強く緩和を続ける持久戦に切り替えた緩和修正期である。16年9月以降だ。緩和の修正とは副作用を軽くして政策を長く続けられるようにする措置であり、緩和政策を終えようという正常化とは異なる。

前者の緩和強化期から見ていこう。

この時期の政策は、①13年4月の量的・質的緩和スタート（いわゆるバズーカ1）、②14年

10月の量的・質的緩和拡大（バズーカ2）、③16年1月のマイナス金利付き量的・質的緩和導入（マイナス金利政策導入）決定、④16年7月のETF購入の増額——と進んだ。

次が後者の緩和修正期だ。

⑤16年9月の長短金利操作付き量的・質的緩和導入（長期金利操作の開始）、⑥18年7月の政策修正（長期金利の変動容認幅拡大など）、⑦20年春の新型コロナウイルス危機対応、⑧21年3月の政策修正（ETF購入の抑制など）、⑨22年12月の政策修正（長期金利の変動容認幅拡大）という流れだ。そして、23年4月に植田日銀にバトンが渡された。

前半の緩和強化期が4つ、後半の緩和修正期は5つに分けられる。合わせて9つの局面ごとに、その中身を解説していこう。

量的緩和と質的緩和の合わせ技

①量的・質的緩和導入（13年4月）　黒田東彦総裁（在任期間13〜23年）の就任直後に始まった政策。通称、異次元緩和である。

政策の目標自体は引き続き物価上昇率2％だが、それを「2年程度の期間を念頭に置き、できるだけ早期に実現する」と約束した。達成期限を盛り込んだ点が従来にない「異次元」

の要素である。

「2年で2%」という目標を達成するための手段は、量的緩和と質的緩和からなる。量的緩和とは供給する資金量を増やすことで緩和効果を出す政策であり、マネタリーベース（資金供給量）を年間60兆~70兆円程度増やし、2年で2倍にする方針を示した。

これだけの資金を出すには巨額の長期国債を買い入れる必要があり、年間約50兆円もの保有残高増加ペースで買うとした（残高も2年で2倍以上とした）。それまでは年間20兆円程度だったから、これも「異次元」の規模に膨らむ。長期国債の市中発行額（グロスベース）のほぼ7割に相当する額だった。しかも、購入対象の長期国債の平均残存期間を従来の倍以上の7年程度にした。

従来より長めの長期国債を大量に買い入れてその相場を押し上げ、利回り（名目長期金利）を下げる。一方で積極的な資金供給姿勢を見て、人々が予想する先行きのインフレ率（予想インフレ率）が上がれば、名目長期金利から予想インフレ率を差し引いた実質長期金利はもっと低下する。結果として経済が刺激され、物価に上げ圧力がかかるという理屈だ。

なお、巨額の国債買い入れを決めたのに伴い、有名無実化が指摘されていた銀行券ルールの適用も停止された。

次に質的緩和の部分を見ていこう。国債のような安全性が高い資産ではなく、場合によっては紙切れになりかねないリスク性の資産を買うのが質的緩和だ。

量ではなく、リスクという質の部分に重点を置いて緩和効果を出す。

一段と強まった事実上の株価下支え効果

上場投資信託（ＥＴＦ）を年間約1兆円、不動産投資信託（ＲＥＩＴ）を年間約３００億円のペースで買い、前者の保有残高を2年で2倍以上にすると打ち出した。特に関心を集めたのがＥＴＦの積極買い入れであり、事実上の株価下支え効果を強めたといえた。

以上のような量的・質的緩和を「2％の物価安定の目標の実現を目指し、これを安定的に持続するために必要な時点まで継続する。その際、経済・物価情勢について上下双方向のリスク要因を点検し、必要な調整を行う」と約束した。

バズーカ砲と呼ばれた大胆な政策は、当初結果を出した。物価に上昇圧力がかかり、マイナスだった消費者物価上昇率（生鮮食品を除く）は、14年4月には1・5％（同月から実施の消費増税の影響も除く）になった。目標の2％まであと0・5％に近づいたのだ。

しかし、同年の夏に向けて物価情勢に逆風が吹き始める。消費増税による消費への悪影響や原油価格の下落が背景にあった。

そこで追加的な緩和に踏み切る。量的・質的緩和の拡大だ。

②量的・質的緩和拡大（14年10月）　まず量的緩和の部分では、マネタリーベースの年間増加額が約10兆〜20兆円追加され約80兆円になった。長期国債保有残高の年間増加ペースも約30兆円増えて約80兆円になった。購入対象の長期国債の平均残存期間は最大3年延び、7〜10年程度になった。

質的緩和の側は、ETFとREITの年間購入額を3倍に増やし、それぞれ約3兆円と約900億円とした。

この措置を受け、マーケットで円安・株高が大きく進むなどそれなりに反応があったが、物価上昇率の縮小は続き、量的・質的緩和開始から2年となる15年春にはほぼゼロに戻ってしまった。「2年で2％」のはずが「2年でゼロ」になってしまったのだ。

円高防止狙ったマイナス金利政策の誤算

また、15年に入ると、新興国はじめ海外経済の減速が日本経済にも負の作用を及ぼすようになる。特に懸念材料となったのが、外国為替市場での円高圧力だ。

これに対処するため打ち出したのが、マイナス金利政策だった。

③マイナス金利付き量的・質的緩和導入決定（16年1月）　日銀当座預金の一部金利をマイナス0・1％とする措置で、利回り曲線（イールドカーブ）の起点をマイナスにして、長い金利も含めて全体として下げ圧力をかけようとした。

その効果は日銀が想定した以上に強力で、10年物国債利回りはこの年の夏にいったんマイナス0・3％程度まで下がってしまった。それより長い超長期金利への低下圧力も強まった。

では、大幅な金利低下は経済にプラスに働いたのか。そう単純な話ではないことがわかってきた。

「マイナス金利」という言葉には否定的な語感があった。長めの金利が下がり、年金や保険の資産運用に悪影響が及ぶとの受け止め方も出た。結果として人々の心理はむしろ悪化した。

不安心理を反映して、外国為替市場では安全資産と目されていた円が買われた。この円高が株安圧力を生む展開にもなった。金利低下で利ザヤを稼ぎにくくなった銀行の株式が売られたことも、株安要因になった。

同年6月の英国の欧州連合（EU）離脱決定も市場の雰囲気を暗くした。予想外の事態に日銀は、ETFの買い入れ額をさらに増やすことで対応する。

④ETF購入の増額（16年7月）ETFの年間買い入れ額をほぼ倍増させ約6兆円とした。事実上の株価下支えの努力を強めたのだ。

この時点で、日銀が異次元と呼ばれた政策を始めてから3年以上がたっていた。その間、緩和を強化したが、デフレは退治できなかった。

短期決戦から持久戦への転換を迫られた

16年7月時点でも、消費者物価上昇率（生鮮食品を除く）はマイナスで推移。さすがに物価2％の実現に向けた短期決戦の継続は、現実的な選択肢でなくなった。巨額の国債買い入れも、年間80兆円もの残高増加ペースでいつまでも続けるわけにはいかない。6月末に日銀保有国債が発行残高に占める割合は30％台半ばまで上がっていた。2年前には20％台程度だったが、追加緩和で一気に上昇した（図表2－3）。

日銀は短期決戦の終了を余儀なくされる。持久戦への切り替えだ（図表2－4）。緩和強化期から緩和修正期への転換である。緩和政策を円滑に粘り強く続けられるように

図表2-3　日銀の国債保有比率の推移

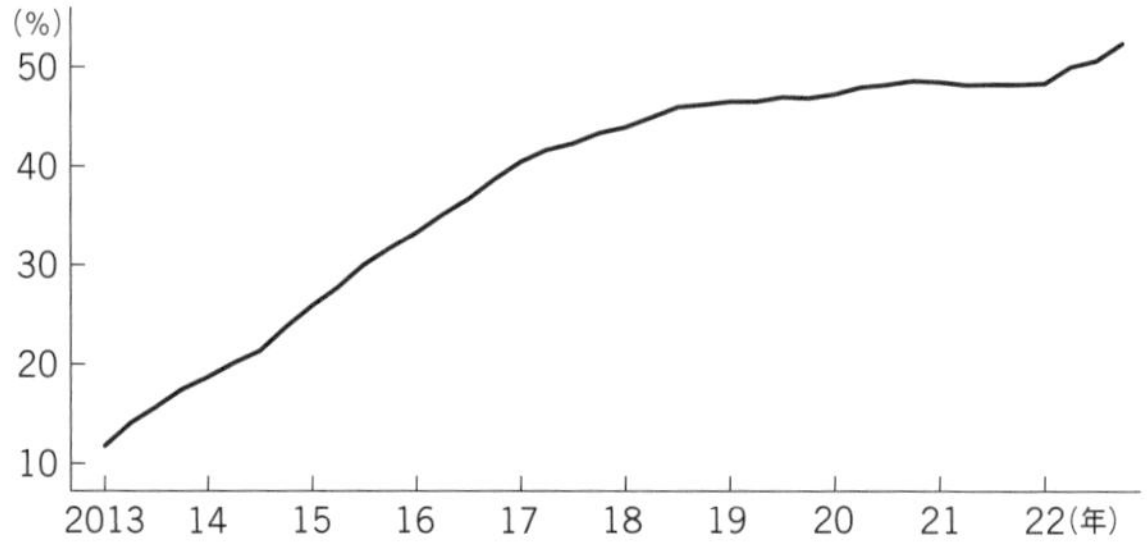

（出所）日銀・資金循環統計（国債は国庫短期証券を除く）

するため、政策の手直しを重ねていく局面に入っていったのだ。そして始まったのが、長期金利を具体的な目標を設けて操作する異例の取り組みだった。

⑤長短金利操作付き量的・質的緩和導入（16年9月）　長期金利（10年物国債利回り）をゼロ％程度に操作する政策の導入である。既に実施されていたマイナス金利政策とあわせて、長期と短期の両方の金利を操作するイールドカーブ・コントロールとなった。

伝統的な金融政策は、短期金利の操作を通じて手掛ける。これに対して、日銀は長期金利も操作するという異例の取り組みへと足を踏み入れたのだ。

もちろん短期金利のみを操作対象としている中銀が長期金利にまったく無関心かというと、そんなことはない。

16年9月より前の日銀も、先行き短期金利を簡単に

図表2-4　短期決戦から持久戦へと転換（異次元緩和10年間の変化の推移）

▼短期決戦局面　緩和強化期（2013年4月～16年8月）

↓

①2013年4月　量的・質的緩和導入（バズーカ1）

↓

②2014年10月　量的・質的緩和拡大（バズーカ2）

↓

③2016年1月　マイナス金利付き量的・質的緩和導入決定

↓

④2016年7月　ETF購入増額

↓

▼持久戦局面　緩和修正期（2016年9月～）

↓

⑤2016年9月　長短金利操作付き量的・質的緩和導入

↓

⑥2018年7月　政策修正（長期金利の変動容認幅拡大など）

↓

⑦2020年春　コロナ危機対応

↓

⑧2021年3月　政策修正（ETF購入抑制など）

↓

⑨2022年12月　政策修正（長期金利の変動容認幅拡大）

（出所）筆者作成

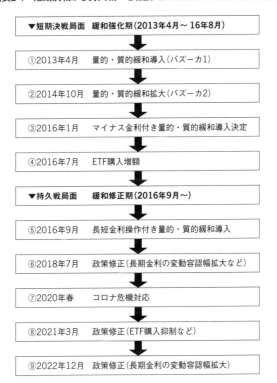

は上げないと約束し、長期金利に下げ圧力をかける政策を採用してきた。長期国債を多めに買って、長期金利に下げ圧力を加える取り組みもやってきた。他の中銀にも同様の例がある。

ただし、そうした場合も、長期金利の具体的な目標を示したりはしない。内々である程度のメドを意識していたとしても、対外的には公表しない。そういう意味で日銀の新しい政策は異例だった。

異次元緩和の軸足は資金供給から金利操作へ

これは、異次元緩和の軸足が資金供給から金利操作に転換した点で重要な転機となった。巨額国債買い入れの持続性に疑問が生じたためシフトしたのだ。

実際、長期国債保有残高の年間増加額の目標として掲げてきた約80兆円という数字は「めど」に事実上格下げされた。国債買い入れは「金利操作方針を実現するよう運営する」とされ、10年物国債利回りをゼロ％程度に誘導するのに必要な額を買えばよくなった。しばらく購入額は徐々に減っていく。

マネタリーベースについては、「消費者物価指数（除く生鮮食品）の前年比上昇率の実績値が安定的に2％を超えるまで、拡大方針を継続する」とする政策（オーバーシュート型コミットメント）が導入された。ポイントは、「拡大方針」とあるだけで具体的な目標値は消えてしまった点だ。

「極論すれば年間1円でも増えていればいい」（日銀幹部）わけであり、それまでの積極的な資金供給拡大のスタンスとは異なるものに変化した。

下がりすぎた長期金利の是正という意味も

なお、長期金利をゼロ％程度に「固定」させた背景には、マイナス金利政策を受けて長期金利が下がりすぎたことの是正という意味もあった。先ほど述べた通り、長期金利が16年夏にはいったんマイナス0・3％程度まで下がり、金融機関の収益や資産運用への悪影響が懸念される事態になっていたからだ。

物価2％の実現に向けて資金供給を急速に増やしてきた従来のやり方をやめ、長短金利を適切な水準で低位安定させて2％実現に向けた努力を粘り強く続けていく方針への転換。そのなかで、2％物価目標について「2年程度」としてきた期限はどうなったのか。

日銀の声明文には記されなかったが、布野幸利審議委員（当時）が17年8月の記者会見で次のように説明した。

「13年4月には2年ということで出発したが、現在の運営の有り様としては、特に昨年（16年）9月からは明示的に2年という時限的な制約はかませていない。ただし、できるだけ早く2%に至る、そのためにどうしたらよいかという問題は当然あるわけだ。できるだけ早くということは残っているが、時限立法的にやらなくてはいけないということでは必ずしもない」

既に3年以上経過していたので当然ではあるが、「2年で2%」のうち「2年」は16年9月の持久戦への転換によって消えたのだ。

持久戦へと転じざるを得なかった最大の理由は2%物価目標がなかなか達成されなかったことだが、「異次元」とされる大規模な緩和策を実施しても2%が実現しなかったのはなぜか。

長期のデフレで日本人の物価観は「適合的な形成」に

長短金利操作付き量的・質的緩和の導入と同時に公表された「『量的・質的金融緩和』導入以降の経済・物価動向と政策効果についての総括的な検証」という文書に次の記述がある。

「日本の場合、長期にわたるデフレのもとで、目標となる物価上昇率が実現できていないこともあって、『適合的な期待形成』の影響が大きい」

「適合的な期待形成」とは、人々の物価観が足元の物価上昇率によって左右されるメカニズムを指す。これに対して、物価目標を掲げた中央銀行による大胆な金融政策が物価観に影響を及ぼす動きを「フォワード・ルッキングな期待形成」と呼ぶ。日本では長年にわたってデフレが続いたため、後者がうまく機能せずに、前者の影響が前面に出たと日銀は言っているのだ。

異次元緩和の変化のプロセスに話を戻す。

当初、人為的な長期金利操作など本当にできるのかという声すら出た長短金利操作政策だったが、実際には日銀による市場支配力は予想以上に強く、長期金利があまりに変動しないことが問題視されるようになる。

長期金利の動きが極端に小さくなれば、債券の売買で利益を得にくくなり、金融機関の収益が悪化する。債券相場が自由に動く機能が低下しすぎれば、長い目で見て問題が生じる懸念もある。例えば、債券を売買しても利益が出ないという空気が広がって取引する人が大幅に減ってしまうと、将来、日銀が長期金利の操作をやめようと思っても、マーケットの側が適切に対応できなくなりかねない。

長期金利の変動容認幅を拡大

そこで、日銀は長期金利の変動をある程度容認する対応に動き出す。

⑥長期金利の変動容認幅拡大などの政策修正（18年7月）　それまで、ゼロ％程度という誘導目標を掲げるもとで、10年物国債利回りはゼロ％の上下0・1％程度の変動にとどまっていたが、これより広い変動を容認した。

具体的な数値は声明文に記されなかったが、黒田総裁（当時）が記者会見で「長期金利の変動幅については、（16年9月の）イールドカーブ・コントロール導入後の金利変動幅、おおむねプラスマイナス0・1％の幅から、上下その倍程度に変動しうることを念頭に置いている」と説明した。

物価がなかなか上がらない状況が長引くなか、長期金利操作に伴う市場機能の低下という副作用を軽くして緩和政策を円滑に続けやすくするのが、金利の変動幅を広げた目的だった。その他、マイナス金利政策がもたらした金融機関の負担を軽くする措置なども決まった。

⑦コロナ危機対応（20年春） 世界経済に大きな打撃を与えた新型コロナウイルスの感染拡大に対して、日銀も20年春、金融政策面での対策を打ち出した。

企業の資金繰り支援など様々な対応が決まったが、市場を安定させるための取り組みに力を入れたことも特徴のひとつだ。株価の大幅な下落が背景にあった。例えば、ＥＴＦの購入拡大だ。

それまでの方針は「保有残高が年間約6兆円に相当するペースで増加するよう買入れを行う」だった。コロナ対応では、これを原則として維持するとしつつ、「当面は、年間約12兆円に相当する残高増加ペースを上限に、積極的な買入れを行う」とした。

長期国債についても、保有残高の年間増加額のメドとして約80兆円という数字を示すのをやめ、「10年物国債金利がゼロ％程度で推移するよう、上限を設けず必要な金額の長期国債の買入れを行う」とした。不安心理から安全資産の国債すら売られれば、長期金利が急上昇する。その防止に向け無制限購入の方針を打ち出したのだ。

巨額に膨らんだＥＴＦ購入を抑制

このように、コロナ危機対応ではより踏み込んだ市場安定策をとったのだが、危機が徐々に収束するにつれて、巨額のＥＴＦ購入の副作用に関心が集まるようになる。

株式市場への強力な介入によって株価がゆがんでいるといった批判が強まったのだ。そこで、1年後にはＥＴＦ買い入れ抑制の対応をとることになる。

⑧ＥＴＦ購入抑制などの政策修正（21年3月）ＥＴＦの年間購入額について、従来の「上限12兆円、原則6兆円」から「原則6兆円」を削除し、「上限12兆円」だけとした。「原則」が消えるので市場環境が良好なときは極力買い入れを控えられる。一方、株価の急落局面では「上限」に向けて思い切って購入を増やせる。メリハリをつけた購入への転換で、ＥＴＦの買い入れを抑制しようとした。

なお、この政策修正では長期金利の変動容認幅の明確化も決まった。

前述の通り、日銀は18年7月の政策修正で長期金利の変動容認幅を広げていた。具体的な数値は声明文に記されなかったが、黒田総裁（当時）が記者会見で「長期金利の変動幅については、（16年9月の）イールドカーブ・コントロール導入後の金利変動幅、（ゼロ％程度の）おおむねプラスマイナス0・1％の幅から、上下その倍程度に変動しうることを念頭に置いている」と説明したことも既に述べた。

21年3月に、この「倍程度」が「上下に0・25％程度」と明確化されたのだ。

つまり、長期金利の容認上限は0・25％程度になったのだが、やがてその死守に苦労するようになる。

22年3月以降、米国が大幅な利上げに転じるなか、日本の長期金利にも強い上昇圧力がかかったためだ。

米国の利上げは、インフレ圧力の強まりへの対処だった。コロナ禍からの経済回復や、ロシアによるウクライナ侵攻を受けたエネルギー・原材料高を背景に、FRBの想定を上回る物価上昇圧力がかかった。

大幅な円安という副作用

当初、日銀は金利上昇を強引に抑えようとした。その結果、主に2つの問題が生じた。

まず、日米の金利差の急拡大による大幅な円安だ。22年年初に1ドル＝115円程度だった円相場は、10月には150円を下回った。輸入物価の高騰を通じて、国民の生活を苦しめた。

また、債券市場に異変が起きた。長期金利に全般的に上げ圧力がかかるなか、日銀が操作対象の10年債利回りを強引に抑えつけた結果、利回り曲線が期間10年のところだけへこむいびつな形状になったのだ。

10年物国債利回りは長期金利の指標としての役割を担う。例えば、自治体や企業が10年物の地方債や社債を発行する際の利回りは、この10年物国債を基準に上乗せ幅を決める。ところが、10年債が経済の実勢よりも低めになっている結果、適正な上乗せ幅を決めにくくなるなどの問題が出てきた。地方債や社債を円滑に発行しにくくなれば、自治体や企業はスムーズにお金を調達できなくなる。

長期金利の上限を引き上げ

こうした問題を日銀も無視できなくなり、長期金利の上限引き上げを迫られる。

⑨長期金利の変動容認幅拡大の政策修正（22年12月）　長期金利の変動容認幅を、従来のゼロ％の上下0・25％程度から上下0・5％程度へと広げた。長期金利の上昇圧力を強引に抑えつけることによる副作用を軽くして、緩和政策を円滑に続けやすくしたのだ。

利回り曲線の形がゆがむ副作用はすぐには解消されなかったが、23年春に米欧で発生した金融不安などを背景に長期金利は低下。やがて利回り曲線のゆがみも解消していった。

以上が異次元緩和10年間の簡単な流れだ。それぞれの局面で、ここに示した項目以外にも様々な決定が下されたが、大きな流れを理解するのが本章の目的なので省いたものがある点はご了承いただきたい。

さて、異次元緩和を始めて10年が経過した時点で肝心の消費者物価上昇率（生鮮食品を除く）はどうなっていたか。実は目標の２％を大きく上回っていた。22年１月には４％台を記録。３月も３・１％となっていたのだ。

しかし、これは経済の力強さというより、エネルギー・原材料高が主因だ。物価高に負けない賃上げは実現できていないため、実質的な賃金上昇率もマイナスになっていた。

上がらない賃金・物価を前提とした考え方・慣行

これでは経済が安定的に推移しそうになく、２％物価目標を持続的に達成するのも難しい。つまり「（異次元緩和が目指した）２％の物価安定の目標の持続的・安定的な実現までは至らなかった」（黒田総裁の23年４月の退任記者会見）のだ。

その理由について、黒田氏はこう述べた。「長きにわたるデフレの経験から、賃金や物価が上がらないことを前提とした考え方や慣行、いわゆるノルムが根強く残っていたことが影響した」

1999年のゼロ金利政策開始以降、「非伝統的」とされる取り組みでデフレ退治に努めた日銀。しかし、結果が出なかったため2013年に「異次元」とされる思い切った政策で「短期決戦」に挑んだ。それでもデフレからの脱却に至らず、政策の持続性への疑問が強まったため、16年からは「持久戦」に切り替え、政策の修正を繰り返した。そうした努力を重ねても、長年のデフレによって定着した「物価は上がらない」という人々の心理を打破できなかったということだ。

黒田総裁は、歴代の総裁時代に十分なデフレ退治をしなかったツケに苦しめられたと言いたいかもしれない。ただ、これに対しては、「異次元」と呼ばれる大規模な緩和はそれを一掃できるパワーを持っていると言っていたのではないか、という反論もあると考えられる。

いずれにせよ、10年たっても2％の物価目標の持続的・安定的実現のメドは立たなかったという現実は、黒田氏も認めるところだ。では、10年にわたった異次元緩和は日本経済に何をもたらしたのか。それは何を意味したのだろうか。

企業収益や雇用の改善などに貢献しデフレでない状況実現

まず植田和男総裁自身の異次元緩和に対する評価を見てみよう。23年2月に総裁候補として国会で所信を述べたり、質疑に応じたりした際にこう述べた。「企業収益や雇用の改善などに貢献し、デフレではない状況をつくり上げた」

物価2%が持続的・安定的に実現するメドは立っていないが、異次元緩和が始まった13年度以降の10年間、年間ベースで消費者物価上昇率（生鮮食品を除く）がマイナスになったのは16年度（0・2%下落）と20年度（0・4%下落）だけ。22年度は3・0%のプラスだ。物価の持続的下落は止まり、「デフレではない状況」をもたらしたという評価は可能だろう。

では、植田氏がその背景として挙げた企業収益改善の要因は何か。しばしば指摘されてきたのが、円高の修正と株価の上昇という市場環境の好転だ。

植田氏の評価を踏まえておおまかに言えば、「市場環境改善→企業収益押し上げ→雇用増加→デフレでない状況の実現」という流れがこの10年間に実現したと考えられる（後述する通り、それらのすべてが異次元緩和の効果だったとは言えない）。

ただし、雇用環境と異なり所得環境の好転は限定的であり、消費を力強く押し上げるところまでは行かなかったとの見方が根強い。

本章の最後で、そうした異次元緩和の効果とその限界を簡単に確認し、その意味を考えてみる（図表2－5）。

図表2-5　日銀・市場・経済はこう変わった
（異次元緩和開始前と10年後の比較）

	異次元緩和開始前（2013年3月）	10年後（2023年3月）
日銀の資金供給量	135兆円	656兆円
日銀の長期国債保有残高（簿価）	91兆円	576兆円
日銀のETF保有残高（簿価）	1.5兆円	37兆円
日経平均株価	1万2,000円台	2万8,000円台
ドル円相場	1ドル＝94円台	132円台
10年物国債利回り	0.5%台	0.3%台
消費者物価上昇率（生鮮食品除く）	▲0.5%	3.1%
名目賃金上昇率	▲1.4%	1.3
実質賃金上昇率	▲0.3%	▲2.3
完全失業率	4.1%	2.8%
有効求人倍率（季節調整値）	0.87倍	1.32倍

（注）▲はマイナス
（出所）日銀、総務省、厚生労働省

異次元緩和のもとで円高修正が進んだ

まず、異次元緩和のもとでの市場環境の改善だ。

異次元緩和が始まる前、為替相場は大幅な円高になっていた。東日本大震災や欧州債務危機を背景として、11年10月に、円は1ドル＝75円32銭という戦後最高値を記録した。

その円は12年夏以降、欧州債務危機がピークアウトしたことなどからやや売り戻されていたが、それでも異次元緩和が始まった13年4月時点で90円台と依然2ケタ台で推移していた。

ちなみに、円は日本経済に負のショックが加わるとその価値を上げるという逆説的な性質を持つとされてきた。「安全通貨」あるいは「逃避先通貨」と呼ばれた特徴だ。いくつかの理由があるが、そのひとつは日本がデフレあるいはディスインフレ（インフレ抑制）的な国であったことだろう。

長年デフレが続いてきた日本の円は、購買力が下がりにくいイメージがある。購買力とは様々なモノやサービスを買う通貨の力を意味する。物価が下がれば、同じ額の通貨で買えるモノやサービスが多くなり購買力は上がる。日本のようにデフレが続いてきた国の通貨は購買力が下がりにくいわけだ。

不安心理が広がったときには、購買力が安定している通貨を持とうという空気が広がっても不思議はない。結果として円が逃避先になりやすい。デフレが続き日本経済の実力が低下してきたのに円が「安全」とされることには不思議な印象も受けるが、一応の理屈はあるわけだ。

とすると、長年続いたデフレを退治しようと大胆な政策を打ち出した異次元緩和は、円の

「過度の購買力」を下げ、円買い圧力を弱めるという面もあったといえそうだ。

実際、13年春に90円台だった円相場は、2年後の15年6月には125円台まで下落した。為替相場を動かす要因は多様であり、異次元緩和の効果を過大評価すべきではない点は強調しておきたい。欧州債務危機が去り、世界経済も回復していったことが、円売り圧力を生んだのも事実だからだ。

ただ、いずれにせよ黒田氏が退任するまでの10年間、2ケタの円高が起きた局面はあまりなかった（むしろ、22年には150円台を記録するなど円安の行き過ぎに国民の不満が強まった）。

円高修正が企業収益を改善し株高もたらす

こうした円高修正は輸出企業の収益を改善させて株高をもたらした。13年3月に1万2000円台だった日経平均株価が2年後には2万円台を回復。21年には、コロナ危機対応の日銀による潤沢な資金供給などもあって3万円台に乗る局面もあった（図表2－6）。

為替と同様に株価を動かす要因も単純には論じられないが、株高の背景に植田氏が指摘した企業収益の改善があったのは事実だろう。

図表2-6　異次元緩和の10年間で円安・株高が進んだ

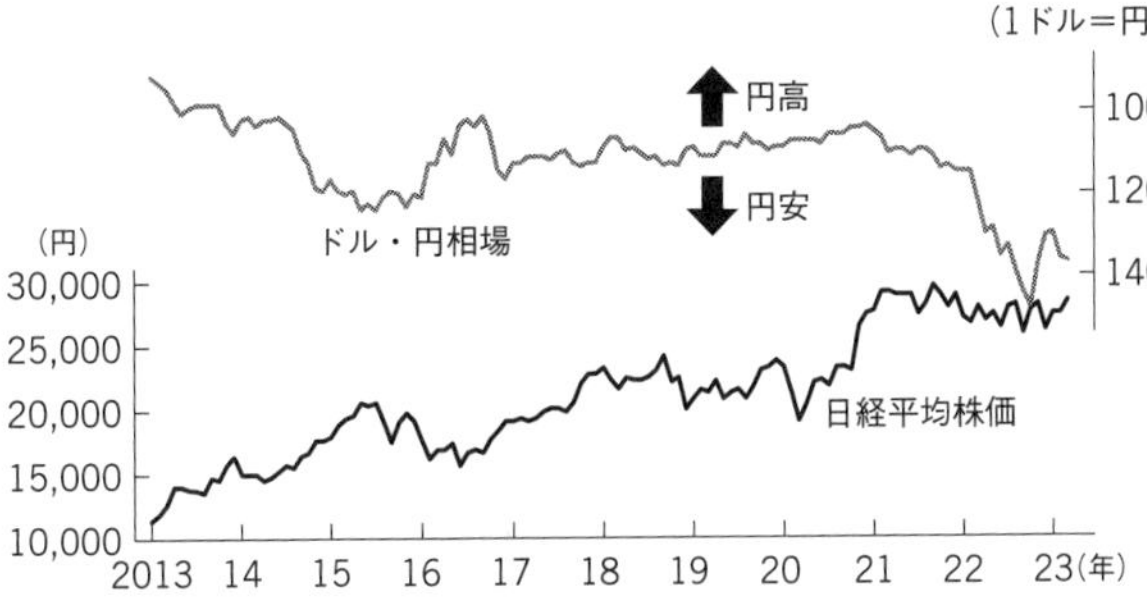

（出所）QUICK

例えば財務省の法人企業統計で経常利益額（金融・保険業を除く）を見ると、12年度に約48兆円だった水準が、17～18年度には80兆円を超え、コロナ禍の20年度は落ち込んだものの依然60兆円を上回っていた。21年度は再び80兆円を超えた。

失業率や有効求人倍率など雇用指標も改善

植田氏の指摘通り、雇用環境も数字を見ると改善した（図表2－7）。

例えば完全失業率だ。「労働力人口」（働く意思・能力を持つ15歳以上の人）のなかで「完全失業者」（働く意思は持っているのに仕事に就けない人を指す。働く意思がないために失業している人は含まない）がどの程度いるかの比率である。この数字が下がれば、働きたくても働けない人は少ないことにな

図表2-7　雇用環境の改善は進んだ

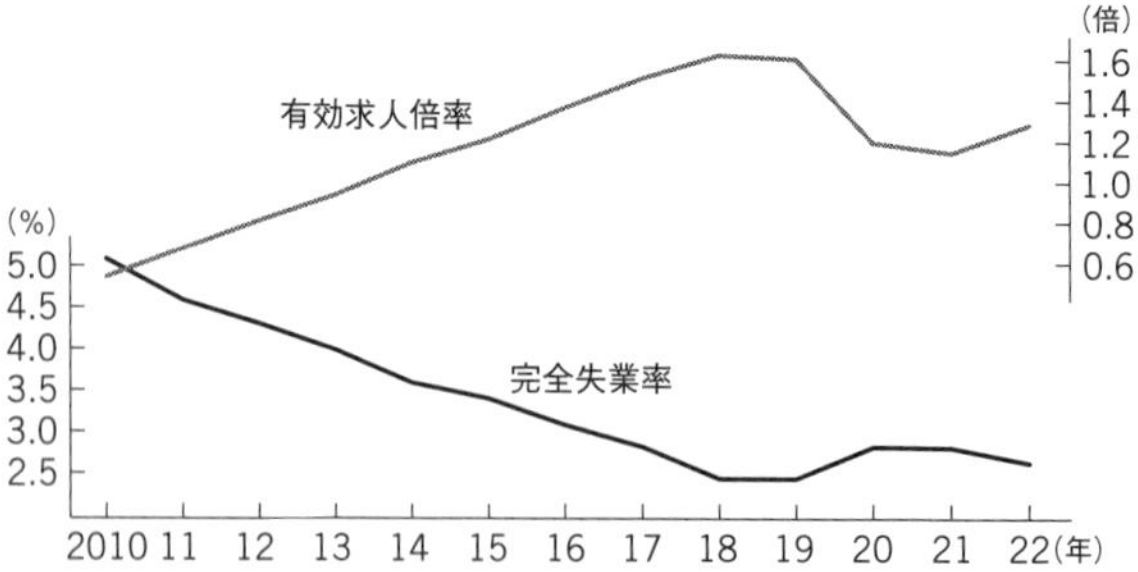

（出所）完全失業率は総務省、有効求人倍率は厚生労働省

る。

12年に4・3％あった完全失業率は、18～19年には2・4％まで低下。その後コロナ禍で多少上昇したものの、22年は2・6％だ。

有効求人倍率という指標も見てみよう。ハローワークでの企業側の求人数を分子、働きたい人の求職数を分母にした数値だ。1を下回るのは求職数を満たす求人数がない状態であり、雇用環境は悪い。逆に1を上回るなら、求職数を上回る求人数が存在することを意味する。

12年に0・80倍と1倍を下回っていた有効求人倍率は、18年に1・61倍まで上昇。これもコロナ禍で低下に転じたものの、22年は1・28倍と依然1倍を上回っている。

人々の雇用への不安も後退

一般の人々はこうした雇用環境の変化をどう受け止めたのか。日銀が一般の個人を対象に四半期ごとに実施している「生活意識に関するアンケート調査」では、前向きに受け止めた様子が見てとれる。

この調査では、1年後を見た「勤め先での雇用・処遇についての不安」を勤労者に聞いた結果で、「不安をあまり感じない」という回答比率から「かなり感じる」という回答比率を引いた数値を雇用環境DIとして公表している。ちなみに勤労者とは、役員を含む会社員・公務員およびパート・アルバイトなどを指す。

この数値は、異次元緩和開始前の12年12月調査ではマイナス26・8だったのが、ピーク時の21年12月にはプラス1・4まで改善。直近の23年3月調査もマイナス10・9だ（図表2－8）。

雇用への不安が減ったことと一定程度関係すると思うが、自殺者の数も減った。

政府の資料によると、12年には2万7858人が自らの命を絶ったが、19年には2万169人まで減り、22年には2万1881人だ。

図表2-8　雇用に対する不安感は後退した（雇用環境DIの推移）

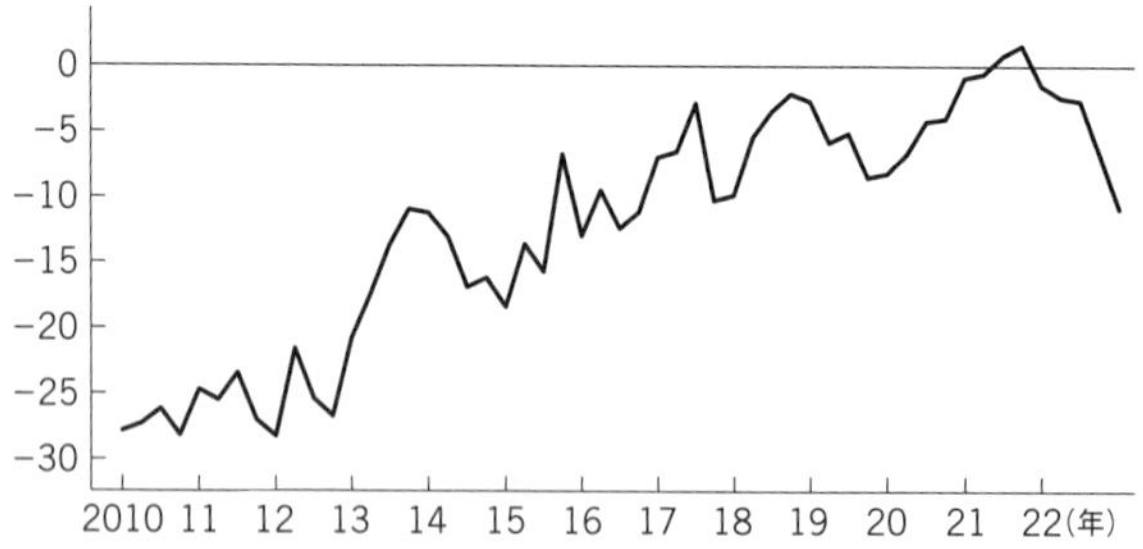

（出所）日銀・生活意識に関するアンケート調査

もちろん、異次元緩和だけによって企業収益や雇用環境が改善したわけではない。例えば欧州債務危機後の世界経済の回復は円高修正の要因になり、日本企業の輸出にプラスに働いただろう。

少子化といった変化も、雇用関連の指標をよくした理由だったと考えられる。働き手の不足を補うため女性や高齢者の労働市場への参加が増加したと見られるためだ。

楽にならなかった人々の暮らし

問題は、雇用環境は良くなったものの、人々の暮らしが楽になったわけでは必ずしもないことだ。

先ほど紹介した日銀の「生活意識に関するアンケート調査」を再び見てみよう。

調査結果で人々の雇用・処遇についての不安感が後

図表2-9　暮らしにゆとりが出た人は少ない（暮らし向きDIの推移）

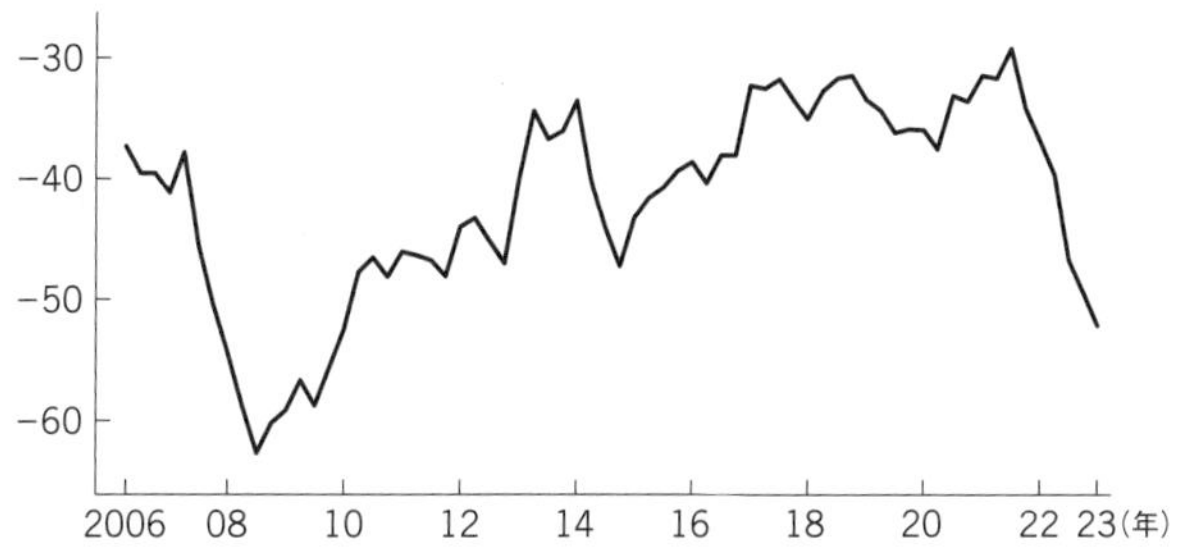

（出所）日銀・生活意識に関するアンケート調査

退した点は既に確認した。だが、人々の暮らし向きがよくなったわけではない事実もわかってくる。

現在の暮らし向きと1年前とを比べて「ゆとりが出てきた」という回答の比率から「ゆとりがなくなってきた」の比率を差し引いた暮らし向きＤＩは、12年12月のマイナス47・1が23年3月はマイナス52・2だ。マイナス幅が拡大している（図表２－９）。

雇用環境改善の一方、所得環境は好転せず

背景には、雇用環境の改善の一方、所得環境は好転していない事情があるのではないだろうか。

ニッセイ基礎研究所の上野剛志上席エコノミストも『異次元緩和の意義について考える～黒田日銀10年の振り返り』と題する詳細なリポート（23年3月）で次のように指摘している。

図表2-10　物価上昇で賃金は実質的に目減りしている

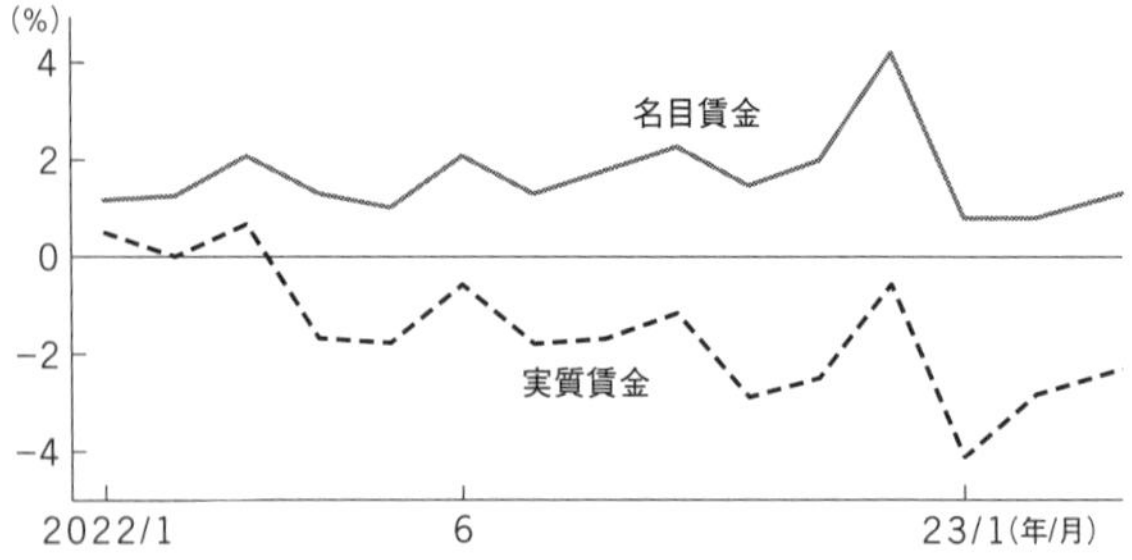

(注) 前年同月比の変化率
(出所) 厚生労働省

「労働需要が増加して雇用者数が増加した一方で、賃金の伸びは総じて物足りない状況が続いた。1人当たりの現金給与総額の伸びは最近でこそやや拡大しているものの、異次元緩和後の平均で見ると前年比0・4%増に留まり、さらに、振れの大きい賞与や残業代を除いた所定内給与のみで見た場合には0・2%増にすぎない」

特に22年以降の物価上昇に賃上げは追いつくものではなく、物価変動を考慮した実質賃金はマイナス幅を拡大した(図表2―10)。前出の暮らし向きDIも22年以降の悪化が目立っている。

賃上げが進まぬ背景に企業の成長期待低下

企業が利益を上げてきた割に賃上げが進まないのはなぜか。簡単には論じられないだろうが、企業が

図表2-11　異次元緩和下で上がらず（企業の実質経済成長率予想）

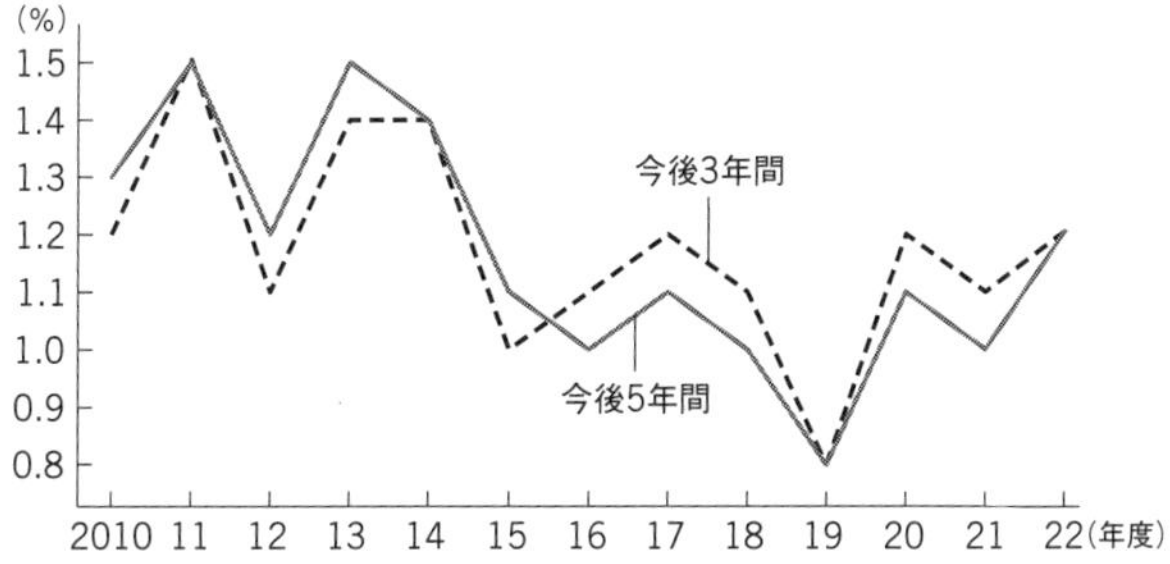

（出所）内閣府・企業行動に関するアンケート調査（年度平均）

将来の成長にあまり期待を持てないことも関係しているといえそうだ。

実際、内閣府の「企業行動に関するアンケート調査」（22年度）によると、企業の今後５年間の実質経済成長率見通し（年度平均）は１・２％。異次元緩和開始前の12年度調査と横ばいだ（図表２―11）。

企業の成長期待が強まらず、賃金も伸び悩むなら、一般の人々の将来への成長期待も強まらない（図表２―12）。

日銀の「生活意識に関するアンケート調査」で、経済成長力ＤＩ（「より高い成長が見込める」との回答比率から「より低い成長しか見込めない」の比率を差し引いた指数）は23年３月調査でマイナス57・９。異次元緩和前（12年12月調査）はマイナス61・７だったから大きな改善は見られない。

図表2-12　一般の人々の成長期待も低下傾向（経済成長力DIの推移）

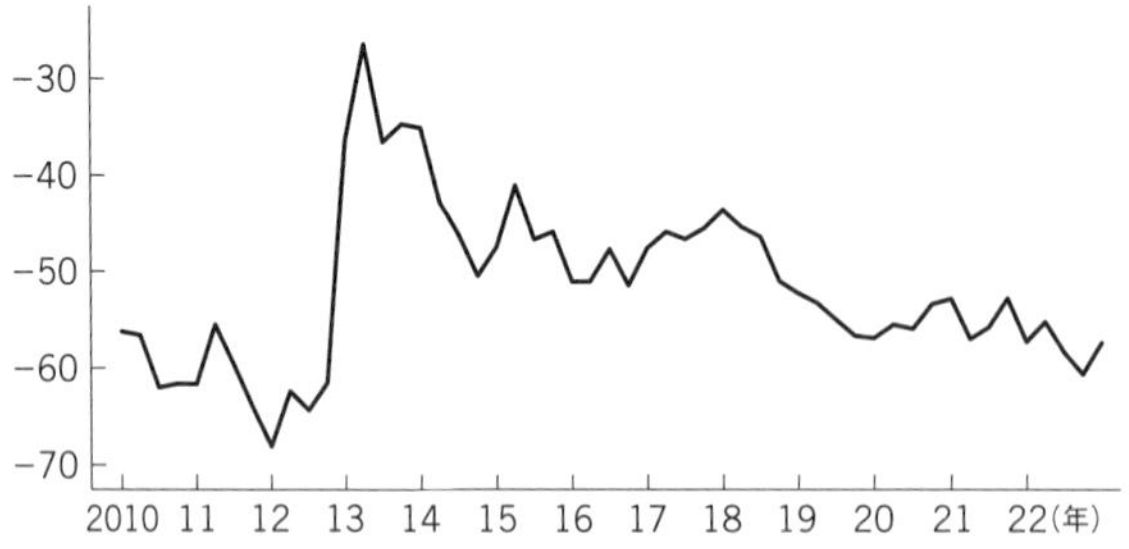

（出所）日銀・生活意識に関するアンケート調査

人々が日本経済の明るい未来図を描けないなら、財布のひもも固くなる。「異次元緩和後の実質国内総生産（GDP）について、需要項目別の動向を確認すると、個人消費や住宅投資といった家計関連の項目の伸び悩みが鮮明になっている」（前出の上野剛志氏のリポート）。

日本の潜在成長率は約3分の1に

成長期待が強まらない背景には、実際に成長力が落ちているという現実がある。国の経済の実力を反映する尺度に潜在成長率というのがある。日本に関するその数値（日銀推計）を見ると、12年度下期の0・85％が22年10～12月期には0・27％に下がってしまっている。あれだけ思い切った金融緩和をやったのに、日本経済の「実力」は約3分の1に

図表2-13 日本経済の実力は低下してきた
(潜在成長率・日銀推計値の推移)

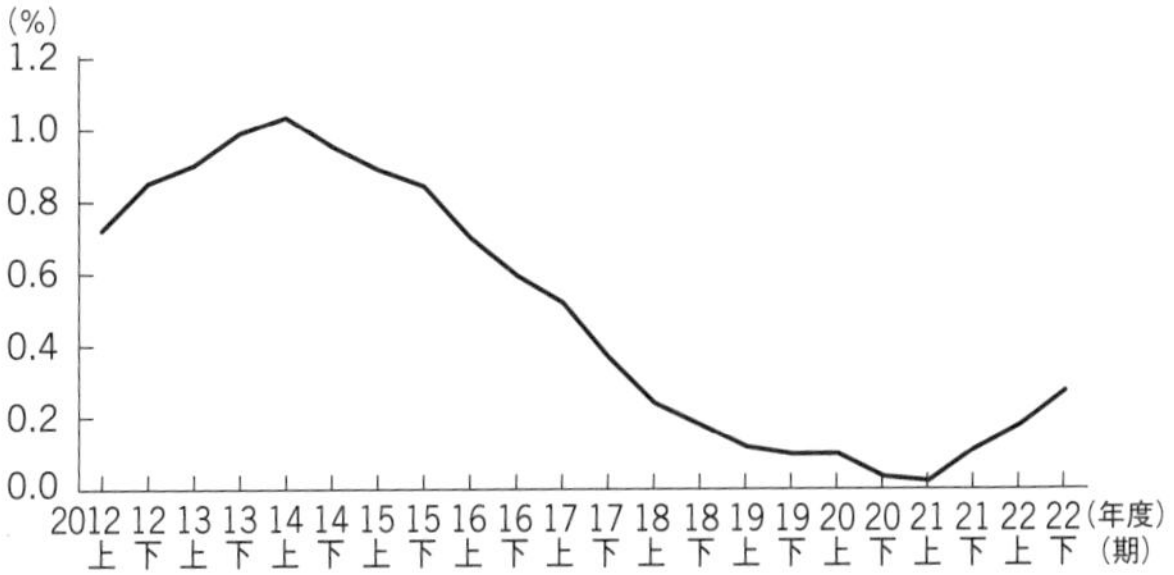

(出所) 日銀

なってしまったというのだ(図表２―13)。

以上の事実は、金融政策の限界を示しているように思われる。もっと成長戦略が前面に出るべきだったということだろう。

アベノミクスの３本の矢に当てはめれば、１本目の矢(大胆な金融政策)には限界があり、主役を務めるべきだったのは３本目の矢(民間投資を喚起する成長戦略)だったという話でもある。また、成長力を強化する投資に資金が振り向けられるなら２本目の矢(機動的な財政政策)も意味のある役割を果たしうる。

成長戦略の課題として、元日銀理事でみずほリサーチ&テクノロジーズのエグゼクティブエコノミスト、門間一夫氏は「人への投資、グリーン関連産業の振興、イノベーションの促進、産業基盤の再強化など」を挙げる。人々の学び直しの機会を増やすと同時に、より成長性の高い分野に働き手が移動できるようにする労働市場の流動化も意味を持つだろう。規制改革にもできることがまだありそうだ。

成長戦略の重要性認識させたのが異次元緩和の功績?

従来、そうした指摘が聞かれなかったわけではないが、10年間の大規模な金融緩和がもたらした現実を踏まえ、改めて人々は成長戦略の重要性を認識したのではないか。それこそが、「壮大な実験」の意義だったとの声もある。門間氏は「金融緩和が足りないという認識が世の中から消えたことが異次元緩和の歴史的な功績だった」と見る。

むろん、金融政策の役割が消えるわけではない。成長力強化に向けた企業や政府の努力を、低いコストでお金を借りられる緩和的な金融環境の維持で支援する姿勢は、適切な範囲であれば依然必要だ。主役の成長戦略を支える脇役として、持久戦をしばらく続けざるを得ない。

23年の春季労使交渉での賃上げが30年ぶりの高さになるなど、物価・賃金情勢には従来にない変化も見られ始めた。

22年に進んだ物価高への対応という面は確かにあるが、それだけではあるまい。少子化により働き手が減り、その穴を埋めてきた女性・高齢者の労働参加の増加にも限界が見えてきた。結果として人手不足は深刻化し、企業は賃上げをしないと優秀な働き手を確保しにくくなってきたのだ。

もちろん、賃上げにどの程度の持続性があるかは依然不透明だ。いくら人手不足でも、企業の成長期待が回復しなければ、高い賃金を払って働き手を確保しようという動きは十分に広がらないかもしれない。

だからこそ、日銀は「粘り強く金融緩和を継続していく」（23年4月28日の記者会見での植田総裁の言葉）ことを基本スタンスとし、成長力強化の努力を支えようとしている。持久戦の継続が将来の政策正常化への道を開くためにも必要と考えているのだ。

とはいえ、緩和が長引けば長引くほど、様々な副作用への目配りも一段と重みを増す。

植田総裁も4月10日の就任記者会見でこう語った。

「基調的な物価の動き、インフレ率とわれわれよく言ったりするが、これが本当に安定的・持続的に2％に達する情勢かどうかというのを見極めて、適切なタイミングで正常化に行くのであれば行かないといけないし、それはなかなか難しいということであれば、副作用に配慮しつつ、より持続的な金融緩和の枠組みが何かということを探っていく、その辺の判断をきちんと行うということだと考えている」

持久戦を終わらせて正常化に向かうのか、それとも持久戦をさらに続けるために、副作用を軽くする政策修正を実施するのか――。

想定外のリスク顕在化への対応を迫られる展開にならない限り、植田日銀はどこかの時点でその判断を迫られ、異次元緩和を何らかの形で見直さざるを得ない。植田日銀が黒田日銀から引き継いだ「現実」である。

第　3　章

植田日銀の金融政策はどう動く？

政策の修正や正常化のタイミングを占う

23年春季労使交渉で実現した高い賃上げに
持続性と広がりがあるかを日銀は注視する
（提供：共同通信社）

植田和男総裁が率いる日銀は金融政策でどんな出方をするか――。本章では、いよいよその点を占っていく。

序章で述べた通り、2023年4月28日に示した植田日銀の当面の基本姿勢は「粘り強い金融緩和の継続」である。2％物価目標の持続的・安定的な実現のメドが立つまで緩和政策を続ける。

今の時点で考えれば、「粘り強い緩和」は24年の春季労使交渉で23年と同様の高い賃上げが実現しそうか、あるいは実現したかを確認できる時点（労働組合の全国組織、連合による賃上げ率集計結果公表は最初が24年3月中旬ごろ、最終は7月上旬ごろの見通し）まで続いても不思議ではない（もっと長引くこともありうるが）。

そのときに2％の持続的・安定的実現のメドが立てば金融緩和政策を終える「正常化」に向かうし、立たなければ副作用を軽くして緩和策の持続性を上げる「政策修正」を迫られる可能性も出てくる。

ただし、経済・物価情勢や市場環境、さらには政治・政局動向は「生き物」であり、その動きはまさに奇想天外。早い段階で政策を手直しする展開も考えられる。

長期金利操作の修正は早い段階で決定も

まず、想定より早期に2％の持続的・安定的実現のメドが立ちそうになれば、早い段階での正常化が見えてくる。

第2章でも述べた通り、最近の賃金・物価情勢には従来にない動きが見られる。単にエネルギー・原材料価格の上昇が国内物価を上げているだけではなく、労働市場の構造的な変化も起きている。

少子高齢化で生産年齢人口（15～64歳）の減少が進み、これまでその穴を埋めてきた女性・高齢者の労働参加の増加にも限界が見えてきた。企業は賃金を上げないと優秀な働き手を確保しにくくなっている。

政府や企業の成長力強化の取り組みもあいまって、23年の春季労使交渉での高めの賃上げが24年も続きそうな状況になるなら、早めの段階で2％の持続的・安定的実現のメドが立つ展開もありうる。

また、副作用への対応の必要性が当初考えていたより増すなら、副作用の軽減に向けた政策修正決定も早期にありうる。特に多くの問題点が指摘される長期金利操作は、その見直しが早い段階にあっても不思議はない。

この点で特に注意を払う必要があるのは、為替市場で再び円安が進んだり、国際商品市況が大きく上昇したりした場合だ。日銀が長期金利を低く抑える姿勢を続ければ円安に拍車がかかり、輸入物価の高騰が人々の不満を強めそうだ。政治サイドでも日銀に政策を改めるよう要請する動きが広がるかもしれない。

さらに予想外の負のショックが経済・市場に加われば、追加緩和も選択肢になる。米欧金融不安などによる市場の混乱、大地震など自然災害、台湾有事など地政学的リスクの顕在化……。経済・物価情勢を左右するリスク要因は多い。

以上が、植田日銀の金融政策の出方に関する大局観である。本章ではこれをさらに掘り下げて詳しく見ていくが、その前に植田氏が当面、2％物価目標の維持を前提に政策を進めようとしている点について説明しておく。

植田氏は、2％の物価上昇率目標を引き下げるなどの変更をすぐに加えることに慎重な姿勢を示してきた。日銀として初めて2％目標を導入した際にまとめた政府との共同声明についても、「直ちに見直す必要があるとは今のところ考えていない」（23年2月24日の衆院での所信聴取・質疑）と語ってきた。

図表3-1　長短金利操作付き量的・質的緩和政策の構成要素

【1】長短金利操作
①10年物国債利回りをゼロ％程度に誘導する長期金利操作（変動容認幅はゼロ％の上下0.5％程度）
②日銀当座預金の一部金利をマイナス化する短期金利操作（現在の水準はマイナス0.1％）＝マイナス金利政策
【2】量的緩和
長期国債購入などで資金供給量（マネタリーベース）を拡大
【3】質的緩和
上場投資信託（ETF）や不動産投資信託（REIT）の購入（ETFは年間約12兆円、REITは年間約1,800億円を上限に、必要に応じて買い入れる）
【4】フォワードガイダンス
①内外の経済や金融市場を巡る不確実性がきわめて高い中、経済・物価・金融情勢に応じて機動的に対応しつつ、粘り強く金融緩和を継続していくことで、賃金の上昇を伴う形で、2％の「物価安定の目標」を持続的・安定的に実現することを目指していく
②「物価安定の目標」の実現を目指し、これを安定的に持続するために必要な時点まで、「長短金利操作付き量的・質的金融緩和」を継続する
③マネタリーベースについては、消費者物価指数（除く生鮮食品）の前年比上昇率の実績値が安定的に2％を超えるまで、拡大方針を継続する
④引き続き企業等の資金繰りと金融市場の安定維持に努めるとともに、必要があれば、躊躇なく追加的な金融緩和措置を講じる

（出所）日銀公表資料をもとに筆者作成

共同声明は13年1月に白川方明総裁時代の日銀が安倍晋三政権とまとめ、2％目標を「できるだけ早期に実現することを目指す」と記した。

政府との共同声明や2％物価目標に関する植田氏の発言には、慎重に言葉を選ぶ同氏らしく「直ちに」とか「今のところ」といった文言が入っている。将来の自由度は確保されており、考え方を変える可能性は排除されていない。ただ、当面は「2％」の物価上昇率目標と、それを「できるだけ早期に実現することを目指す」姿勢を維持しそうだ。

そもそも、なぜ2％の物価上昇率目標を掲げるのか。そういう疑問を抱く読者もいるかもしれないので、説明しておこう。

日銀法によって、日銀の役割のひとつは物価の安定と定められている。物価の安定とはインフレでもデフレでもない状態だ。

モノやサービスの値段がどんどん上がるインフレになるなら、人々がせっかく稼いだお金の価値が下がり、生活は苦しくなる。もちろん、インフレに伴って企業の売り上げも増えて給料も上がるなら、働いている世代はそれほど苦しくならないかもしれない。だが、年金や預貯金に頼って暮らす高齢者の生活は悪影響を受けるだろう。

一方、物価が持続的に下落するデフレも問題を生む。モノやサービスの値段が下がることだけを取り上げれば、消費者の生活を楽にする要因になる。ただ、それに伴って企業の利益が減れば給与も削減されるかもしれない。まだ貯蓄も十分にない若い世代には特に打撃だ。企業は新卒採用を絞るかもしれない。

インフレが高齢者に大きな打撃を与えるリスクがあるのに対して、デフレは若年世代により重い負の作用をもたらしやすい。いずれも世代間の不公平を生む。

植田日銀も2％物価目標を維持するのはなぜか

以上のような問題があるので、中央銀行はインフレでもデフレでもない状態、すなわち物価の安定を目指すのだ。

だが、インフレでもデフレでもない状態を目指すのであれば、目標はゼロ％ではないかという疑問も生じるだろう。なぜ2％を目指すのか。小幅とはいえプラスの上昇率をターゲットにするのはなぜなのか。

日銀は従来、2％を目標にする理由を3つ挙げてきた。これまでの発言を聞く限り、植田氏もほぼ同様の考え方をしているようなので、ここで紹介しよう。

第1の理由は、物価統計には実際よりも高めの数値が出る「上方バイアス」が存在するとされる点だ。したがってゼロ％を目標にすると、実質的に物価下落を目指すことになりかねない。そこで小幅なプラスを目標にするのだ。

物価の統計に「上方バイアス」が存在するひとつの理由は例えばこうだ。物価指数は代表的なサンプルを選び、価格を調べて算出する。調査対象の商品が値上がりすると、消費者は安い代替品を買うと考えられるが、調査対象は以前のまま。安いモノを買う人が増えている点が反映されない。結果として、物価統計は実際より高めの数字が出る。

第2の理由は、小幅なプラスを目標にした方が安心な点だ。中銀は、インフレには政策金利の引き上げ、デフレには同引き下げによって対処する。問題は、金利には上限がない一方、下限はある点だ。

下限は昔はゼロと考えられていたが、今の日銀のように金利をマイナスの領域まで下げるケースも出てきた。それでも、引き下げにはおのずと限度がある。したがって、インフレよりデフレの方がやっかいであり、ややプラスの「のりしろ」を確保した方が賢明なのだ。

以上のような根拠により、主要国の中銀も小幅なプラスの物価上昇率を目標に掲げており、おおむね2％が事実上の世界標準になっている。日銀が2％を目標にする第3の理由がこの点にある。

世界標準に合わせた方が為替相場は安定しやすい

世界標準とそろえた方がいいのはなぜか。為替相場が安定すると考えられるからだ。例えば、米欧の中銀が2％を目指すなか、日銀は半分の1％を目標にしたとする。そうすると、日銀は米欧と比べて低い物価上昇率で満足すると解釈される。これは日銀が米欧と比べると高めの通貨価値を目指すことを意味すると受け止められても不思議はない。物価と通貨の価値は反比例するからだ。そうすると、円相場には上昇圧力がかかりやすくなる。

理論的には、2％と1％の差である1％分の上昇圧力が毎年円相場にかかる。年間1％くらいの円高ならたいしたことはないと思われるかもしれないが、実際には市場はそういう「理論的」な動きはしない。

毎年1％分円高になると事前にわかっているなら、先回りして円を買うからだ。いったん年1％分より大きな上昇圧力が円相場にかかりやすい。世界標準より低めの物価目標を掲げると、予想外の円高になってしまうリスクがあるのだ。

いずれにせよ、植田日銀は従来の日銀と同様の考え方にもとづき、当面、2％物価目標を維持する考えだ。

その点を確認したうえで、本章の中心的なテーマに入っていく。

まず問題になるのは、植田氏が、物価上昇率はこの2％目標達成の方向に向かうと考えているのか否かである。

日銀が目指すのは持続的・安定的な物価2％

この点について、植田氏は「（2％を）持続的・安定的に達成するまでにはなお時間を要する」（23年2月下旬の国会での意見聴取・質疑）という見方を示してきた。ここで「持続的・安定的」という言葉を使っている点に注目してほしい。

過去1年余りの物価を振り返ってみよう。消費者物価上昇率（天候要因による短期的な変動が大きい生鮮食品を除く）は22年春に2％台に乗り、秋には3％台、冬には4％台に乗り、23年4月は3・4％といった動きをしてきた（図表3－2）。

およそ1年にわたって2％を上回っており、2％目標は達成できているような印象も受ける。だが、日銀はそうは受け止めていない。これはエネルギー・原材料高を背景とするいわゆるコストプッシュ型の物価高だからだ。経済の力強い回復に引っ張られたディマンドプル型の物価上昇ではなく、物価上昇に勝つような賃上げも伴っていない。したがって長続きし

図表3-2 22年春以降、コストプッシュ型上昇で2%を突破
（消費者物価上昇率〈前年同月比〉の推移）

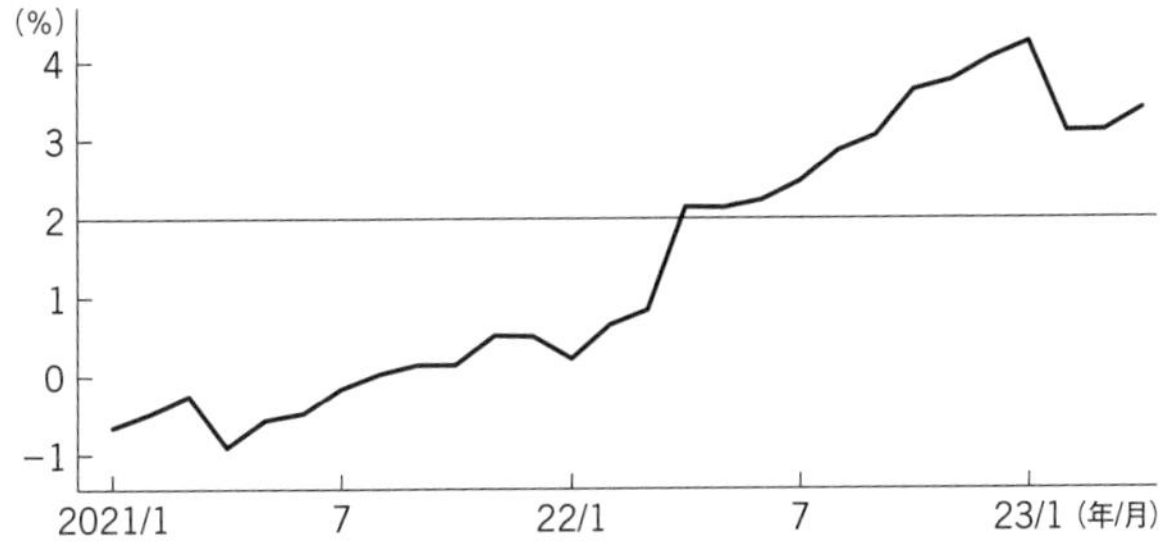

（注）生鮮食品を除く
（出所）総務省

ないと考えている。

日銀が目指すのは短期的な2%の実現ではなく、植田氏が語っていた通り「持続的・安定的」な2%の達成である。それには「なお時間を要する」というのが同氏の見立てなのだ。

そうした物価観は政策委員会メンバーもおおむね共有しており、23年4月28日公表の「経済・物価情勢の展望（展望リポート）」に盛り込んだ植田日銀としての初の物価（生鮮食品を除く消費者物価上昇率）見通しも、次のようになった（図表3―3）。

22年度（3・0%、実績値）、23年度（1・8%）、24年度（2・0%）、25年度（1・6%）――。

22年度に目標の2%を上回った物価上昇率が23年度に再び2%を下回る姿となっている。24年度

図表3-3　2%の「持続的・安定的」な実現は見えていない
植田日銀初の物価見通し（2023年4月）

年度	物価見通し(%)	リスク判断
2022	3.0	
2023	1.8	上振れリスクの方が大きい
2024	2.0	
2025	1.6	下振れリスクの方が大きい

（出所）日銀公表資料をもとに筆者作成、22年度は実績値

はまた2％に達するが、25年度は再び2％から離れる。

23年度以降の予測値にはリスク判断（予想が外れるとしたら上振れ方向か下振れ方向かという判断）も示されている。23年度は「上振れリスクの方が大きい」とされたが、25年度は「下振れリスクの方が大きい」だ。

総じて言えば、2％の持続的・安定的達成という姿にはなっていない。

植田総裁は物価見通し公表後の記者会見でこう語った。

「生鮮食品を除く消費者物価の前年比は、（中略）輸入物価の上昇を起点とする価格転嫁の影響から、足元は3％程度になっている」

「先行きは、輸入物価の上昇を起点とする価格転嫁の影響が減衰していくもとで、今年度半ばにかけてプラス幅を縮小していくと予想している」

「その後は、マクロ的な需給ギャップが改善し、企業の価

格・賃金設定行動などの変化を伴う形で、中長期的な予想物価上昇率や賃金上昇率も高まっていくもとで、振れを伴いながらも、再びプラス幅を緩やかに拡大していくと見ている」

「物価の先行きをめぐるリスク要因としては、企業の価格・賃金設定行動や、今後の為替相場の変動、国際商品市況の動向などに注意が必要であると考えている。以上のように、現在、内外の経済や金融市場をめぐる不確実性は極めて高い状況にある。消費者物価の基調的な上昇率は、見通し期間終盤にかけて、物価安定の目標に向けて徐々に高まっていくと見られるが、それには時間がかかると見られる」

物価動向を左右する重要な要素は「賃金」

この言葉に、植田日銀の物価観が凝縮されているので、解説していこう。

まず、足元で3％程度の高めの物価上昇率に持続性はなく、「今年度（23年度）半ばにかけてプラス幅を縮小していく」との見方は、23年度の物価見通しが22年度実績値より低くなっている事実と整合的だ。

ただし、その後は、「振れを伴いながらも、再びプラス幅を緩やかに拡大していく」と判断している。そして「消費者物価の基調的な上昇率は、見通し期間終盤にかけて、物価安定の目標に向けて徐々に高まっていくと見られる」のだ。24年度の物価見通しが2・0%になっていることとおおむね整合的である。

とはいえ、物価上昇率が再び上向く際の勢いがどの程度強いかを左右する要素の「不確実性は極めて高い」。あまり勢いよく上向かないかもしれないし、逆に予想より力強く上向くかもしれない。現時点でその判断は難しいと言っているのだ。

そして、この不確実性を生む要素として「企業の価格・賃金設定行動や、今後の為替相場の変動、国際商品市況の動向など」を挙げた。

いずれも重要な要素だが、日銀が特に注視しそうなのは企業の賃上げだ。

23年の春季労使交渉での賃上げ率は、連合の集計（6月5日発表）で3・66%となり、30年ぶりの高さとなった。

今の日本では、生産年齢人口の減少、その穴を埋めてきた女性・高齢者の労働参加増加に見えてきた限界といった事情で人手不足が深刻化している。結果として高い賃上げが24年以降も続くとすれば、2%の持続的・安定的な達成の可能性が高まる。

逆に、24年以降、一転して賃上げにブレーキがかかるようなら、2%の持続的・安定的達成は難しいと考えざるを得なくなるだろう。いくら労働力不足が深刻化しても、企業の成長期待が強まらないなら、高い賃金を払って働き手を確保しようという動きが十分に広がらないかもしれない。海外経済が下振れるリスクにも要注意だ。

では、日銀は今の時点でどちらの可能性が高いと見ているのか。23年4月の物価予想を見る限り、前者のシナリオが実現することに確信を持っているとは言いにくい。物価が25年度には1・6％に失速する見立てになっているからだ。しかも同年度の1・6％には「下振れリスクの方が大きい」と記してある。

植田総裁が重視する「物価の基調」

なお、日銀が物価情勢を見ていくうえでの尺度は、これまで頻繁に引用した「生鮮食品を除く消費者物価上昇率」だけではない点を強調しておく。

植田総裁がしばしば使うキーワードに物価の「基調」がある。これは、短期的な変動を除いた物価のトレンド的な動きのことだ。生鮮食品を除いて物価上昇率を見るのもひとつのやり方だが、それだけ見ていれば「基調」をつかめるほど単純ではない。

日銀は物価の「基調的な動き」を把握するための独自の指標（第4章で説明する）も公表しているが、植田氏は4月28日の記者会見でこう説明していた。

「そこ（物価の基調）を判断する際に、私あるいは他の人も申し上げているように、国内総生産（GDP）ギャップだとか賃金上昇率あるいはインフレ期待、こういうものの動向を見ながら将来を予想していくという操作をするわけで、その結果として出てくる将来の見通しは、かなり基調的なものに近い」

「物価の基調」を判断する尺度としても「賃金上昇率」を挙げている。やはり賃上げの動向にかなり注意を払いそうだ（図表3－4）。

序章でも述べた通り、4月28日に新しく示したフォワードガイダンスも「賃金の上昇を伴う形で、2%の『物価安定の目標』を持続的・安定的に実現することを目指していく」とした。賃上げをいかに重視しているかが理解できる。

賃上げに重大な関心を持つ日銀。となると、物価上昇率2%の持続的・安定的達成について、政策の見直しに結びつく判断を下すのがいつなのかのヒントもある程度見えてくる。

それは24年春季労使交渉の状況が見えた時点となるのが、想定しうるシナリオのひとつだろう。春季労使交渉の結果について連合の集計結果公表は24年3月中旬から始まり、最終は7月上旬の見通しだ。夏に向けて政府発表の賃金統計でも賃上げの状況がおおむね確認できるだろう。

図表3-4 高い賃上げは24年も続くか（賃上げ率と物価上昇率の推移）

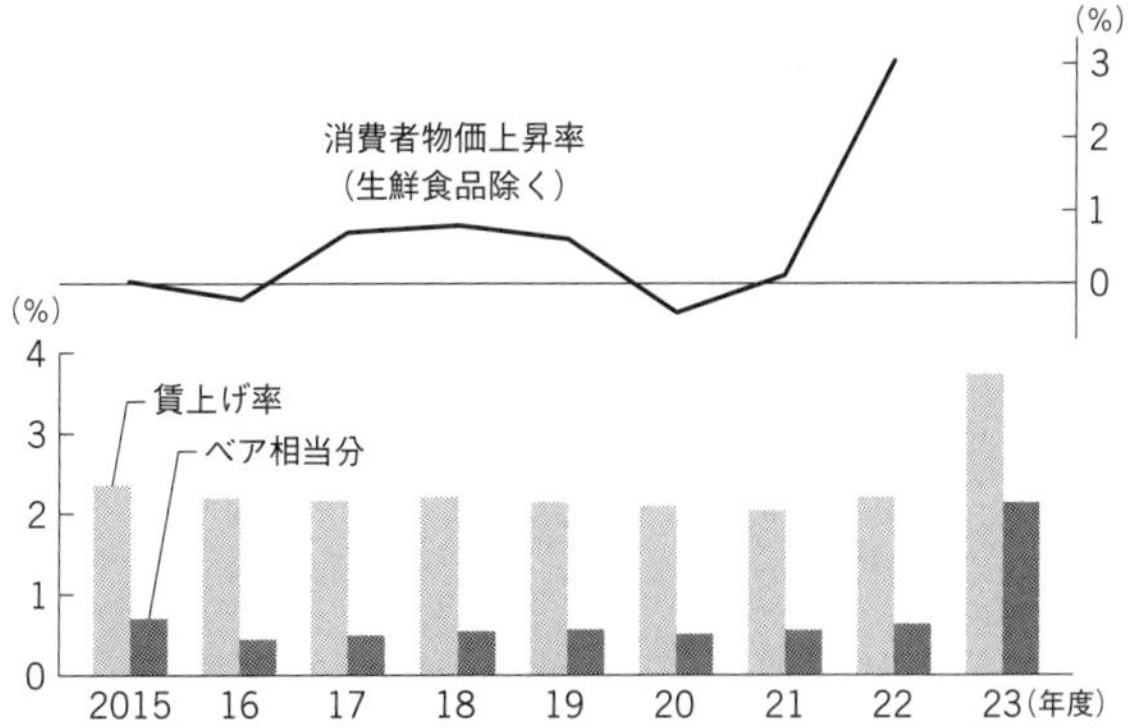

（注）春季労使交渉でのベア相当額が明確な事例対象、23年度は6月5日の公表値
（出所）連合調べ

いずれにせよ、現時点では、そうした時期までには2％の物価上昇率目標が持続的・安定的に実現するかどうかのメドを付け、それにもとづき何らかの形で政策を見直すというのが想定しうるシナリオのひとつである。

政策の「修正」か「正常化」か

仮に2％実現のメドが立てば、金融緩和を終える正常化に向かう。逆にメドが立たなければ、副作用を軽くする政策修正で、より持続的な緩和の枠組みにつくり替えていくだろう。

どちらの可能性が高いかは今後の経済・物価情勢で変わってくるわけだが、23年4月の日銀の物価見通しを見る限り、今は後者の可能性の方に注意が必要だと日銀は受け止めているように見える（次の7月の物価見通しでこの点が変わるのかは要注目だが）。

そこでまずは後者の場合、政策のどの部分に、どのような修正があるかを考えていくが、その前に、政策修正が緩和の持続性を上げるという理屈について説明しておこう。わかりにくいという声があるからだ。政策を修正すれば、金利は上向きになりうる。これは緩和の縮小のはずだから、緩和策を円滑に続けにくくなるのではないかという指摘だ。

あえて単純に図式化すると、日銀のロジックは次のような話である。

金融緩和政策は、緩和のプラス効果から副作用によるマイナス効果を差し引いたネットの部分が真の効果になる。

例えば長期金利を低位安定させると、経済が刺激されるプラス効果がある一方、164ページ以下で示すような様々な副作用によるマイナス効果もありうる。副作用が累積的に増すと両者の差である真の効果が小さくなってしまうから、緩和が長引いた場合、副作用を抑えるための政策修正（例えば金利の変動容認幅拡大）をして、ネットの部分を最大化する工夫が重みを持ってくる。

政策の修正によりプラス効果の部分は縮小するかもしれないが、マイナスの効果がそれ以上に小さくなるなら、ネットの部分は大きくなり、緩和政策を円滑に続けやすくなる。副作用を軽減する政策修正が緩和の持続性を上げるとは、そういう意味だ。

そもそも、今の政策のうち、副作用を生んでいる要素は何か、それはどう修正される可能性があるのか。その点を考えていこう。

副作用を生んでいる要素は主に3つだ。長期金利操作、マイナス金利政策、上場投資信託（ＥＴＦ）購入である。この「副作用3兄弟」をそれぞれ解説していく。

まず「3兄弟の長男」ともいうべきなのが長期金利操作。副作用が最も大きいといえる。

異例の長期金利操作には多くの副作用が

長期金利とは国が借金のために発行する債券（国債）の利回りであり、本来は市場で自由に決まる。長期金利に影響を及ぼすことを意識した政策自体は他の中央銀行でも珍しくないが、長期金利（指標となる10年物国債利回り）に特定の誘導水準（今はゼロ％程度）を設けて、その上下の一定範囲（今は上下０・５％程度）の変動のみを容認しているのは、主要国で日本だけである。

少し前にオーストラリアの中銀が長期金利（3年物国債利回り）のコントロールを手掛け

図表3-5　長期金利が低位に抑えつけられると様々な問題が
（長期金利操作に指摘される副作用）

- 長期金利が発するシグナルが読み取れなくなる
- 国債の発行コスト低下で財政の規律が緩みがちになる
- 貸出金利低下で低収益の民間企業の温存につながる
- 日米金利差の変化が大きくなり円相場の変動も大きくなる
- 保険、年金など長期の資産運用に悪影響が及ぶ
- 利ザヤ縮小で金融機関の収益にマイナスになる

（出所）筆者作成

たが、既にやめた。第二次世界大戦中に米連邦準備理事会（FRB）が長期金利に上限を設けた例があるが、これは戦費調達の支援が目的であり、金融政策（物価の安定を目指すための政策）ではなかった。

普通の中銀が長期金利に具体的な目標水準を設ける対応を控えるのはなぜか。様々な副作用が出るとされるからだ。図表3－5に、よく指摘されるものを順不同で挙げた。説明していこう。

まず、長期金利からは市場参加者が発する様々な貴重なメッセージが読み取れるのだが、自由に動かなくなるとそれが消えてしまう。中銀としても経済に生じている変化の兆候を見落としてしまう恐れがある。

例えば、景気が上向いているなら普通は長期金利が上がるし、下向いているなら下がる。経済の体温がわかるのだ。国の信用度もわかる。信用度が下がってい

ると判断すれば、市場参加者は国債を手放す。そうすると、国債の相場が下がって、金利は上がる（国債の相場と金利は逆方向に動く）。そのようにして、市場は注意信号を発するわけだ。

財政規律が緩んだとの指摘

長期金利を今の日銀のように低い水準に誘導し続けると財政規律を緩めるとの指摘も根強い。国債を発行する際のコストである長期金利が低位で推移すれば、国は簡単にお金を借りられるようになるからだ。「異次元緩和の最大の罪は財政規律を緩ませたこと」。ある有力な財務省ＯＢはそう語っていた。もちろん単純な財政規律至上主義は誤りだ。経済が低迷し、企業や個人など民間部門があまりお金を使わないとき、国が代わりに動くのは必要なことだ。経済の成長力を上げるような財政支出にも意味がある。その際のコストは低い方がいいだろう。ただし、経済全体の効率を下げるような投資が増えやすくなっているとすれば、問題になる。

例えば、23年５月３日付の日本経済新聞に「コロナ予算『便乗』２割　実態は国土強靱化・地方創生」という記事が載った。

図表3-6　いったん減少したものの再び増加
（日銀の長期国債保有の年間増加額）

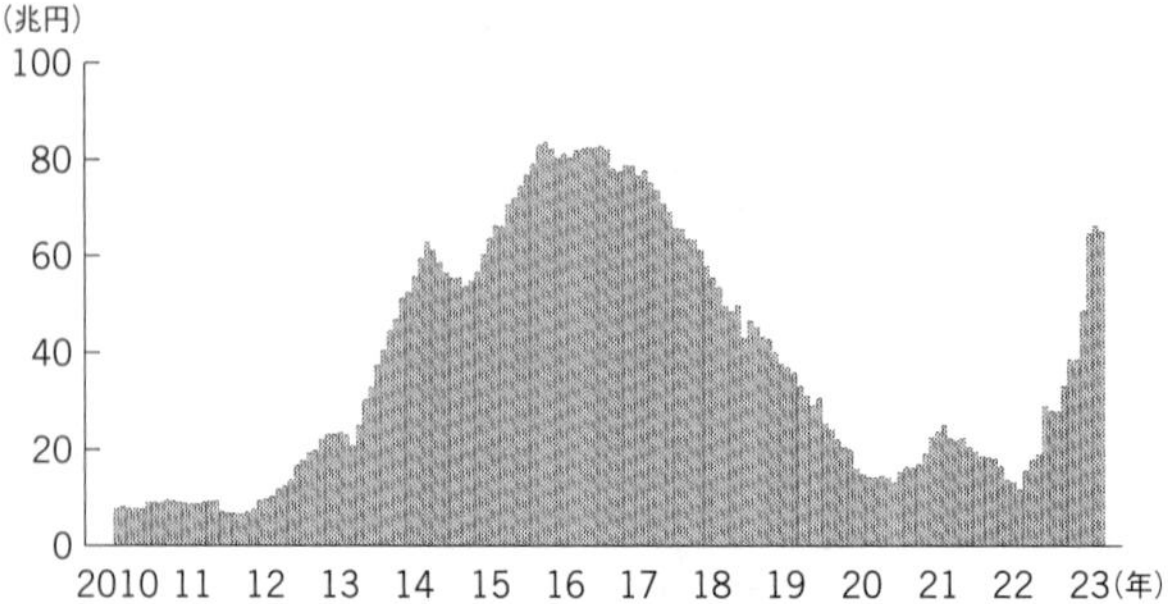

（出所）月末保有残高の前年比増加額、日銀公表データをもとに筆者作成

「コロナ対策をうたう国の事業の2割が感染拡大前に『国土強靭《きょうじん》化』や『地方創生』など別の目的で始まった事業だった。うち半数でコロナ後に予算が増額され、その6割超で執行率が低下していた。国の借金膨張を防ぐには需要が乏しい事業の抑制などメリハリの利いた予算配分が不可欠だ」と報じた。

長期金利が低すぎると、民間の低収益の企業が温存され、経済全体の効率が下がるという議論もある。社債の金利や銀行の貸出金利の指標や参考となる国債の利回りが下がれば、企業の資金調達コストも低くなり、いわゆる「ゾンビ企業」も生き残りやすくなるという理屈だ。

長期金利の無理な抑え込みは、円相場の変動も大きくすることがある。実際、22年の外国為替市場ではドル円相場の年間変動幅が38円に達し、今世紀に入り例のない大きさとなった。年初に1ドル＝115円程度だった円相場が10月に150円を突破して下落。11月以降は一転して円が急速に買い戻されるという振れの大きさだった。

為替相場の変動を過度に大きくした

その一因は、長期金利を「固定」する日銀の政策によって日米の長期金利が連動しにくくなったことだと言われた。どういうことか。

普通、日米の長期金利は一定程度連動する。例えば米金利が上がると、それに引きつけられて日本のお金が米国に向かう結果、日本でも債券が売られ金利は上昇するメカニズムが働くからだ。

とすれば、米金利が変動しても日米金利差が同程度変化するわけではなく、円相場への影響も抑えられる。ところが、日銀が長期金利を「固定」してしまうと、米長期金利の変動がそのまま日米金利差の変化につながり、円相場の乱高下を招きやすくなる。

22年にはそれが起きた。米国の積極的な利上げで米長期金利が上昇したり、利上げによる米景気への悪影響懸念で米金利が低下したりしたなか、日銀による金利の「固定」で日本の長期金利は米金利に連動しにくくなっていた。結果として、米長期金利の変動がそのまま日米金利差の変化につながり、円相場が大きく下落したり、一気に上昇に転じたりするなどの乱高下を招いたのだ。

急速な円安は、輸入物価の高騰を通じて人々の生活を苦しめた。為替相場の急変動は企業経営の不確実性を高め、事業計画の円滑な策定や遂行にマイナスになるという問題も生んだ。

海外発の金融上昇圧力が国内に波及するなか、長期金利を抑え込むための日銀の国債買い入れは増加した。発行残高に占める日銀保有比率も5割を上回る高水準で推移した。

そうした金利の無理な抑え込みで債券相場がゆがみ市場機能に問題が生じるケースもあったことは第2章で見た。利回り曲線のうち、日銀が操作対象とする10年物国債利回りだけがへこむ異変が発生。企業の資金調達にも負の作用が及んだのだ。

長期金利の下がりすぎは、資産運用にも悪影響を及ぼす。例えば、保険会社は保険加入者から受け取った保険料を運用し、将来の保険金の支払いに備える。その際の運用対象には国債も含まれており、長期金利が低く抑えられていれば、金利収入が減ってしまう。年金の運用についても似たことがいえる。

金融機関の収益にもマイナスに

長期金利があまりに低く抑えられていると、金融機関の収益にもマイナスになる。銀行は主に短期の資金を預金として集め、それを長めの貸し出しに振り向ける。その金利差（利ザヤ）を収入源のひとつにしている。普通、金利は期間が長い方が高めになり、利ザヤを得やすくなるのだが、長期金利があまりに低く抑えられていると利ザヤが十分でなくなり、収益が圧迫されるのだ。

金融機関がもうからなくなるだけなら、銀行で働いている人を除けば直接の悪影響はないだろう。ただ、銀行は経済にとって血液ともいえるマネーを世の中に流す役割も担っている。金融機関の体力が弱まると、「血液」がスムーズに流れなくなり、経済にマイナスの影響が及ぶ懸念もある。

普通の貸し出しでもうからなくなると、銀行はより利益を得られるリスクの高い投資活動に乗り出すかもしれない。そうした投資に失敗して銀行の経営がおかしくなれば、やはりマネーの流れが滞りかねない。

以上のように、特定の目標を設けて長期金利を低く抑える政策が過度に長期化すると、多くの問題を生む。それだけに、政策修正のうち最も優先度が高いのが長期金利操作だと考えられる。

修正策としては、まず10年物国債利回りの操作自体を撤廃する方法がある。変動容認幅の上限（今は0・5％程度）を上げたり、操作対象を5年債や2年債などに短期化したりする手法もある。10年債利回りはこれまでより自由に動くようになり、副作用も小さくなりやすい。

ただし、財政などへの悪影響も及ぼしかねない長期金利の跳ね上がりを防ぐ姿勢は維持すると見るのが常識的だ。国債購入額を一気に減らすとは考えにくい。長期金利の操作を撤廃する代わりに、一種の量的緩和政策に移行するシナリオも考えられる。

そもそも、第1～2章でも紹介した通り、日銀の長期金利への関与自体は異次元緩和開始の前から見られた。フォワードガイダンスや長期国債の買い入れで金利の低位安定を促したのだ。前者の導入を主導したのが他ならぬ植田氏であることも述べた。

過度の円安なら長期金利操作の早期修正も

ここで注意すべきなのは、序章や本章の冒頭でも触れた通り、長期金利操作は、持続的・

安定的な2％達成の可能性の有無を23年春から夏ごろまでに確かめるより前に修正される展開もありうる点だ。

副作用への対応の重みが増すなら、世論の批判も強まり、早めに修正することがありうる。例えば、過度の円安が進んだ場合だ。その場合、消費者物価上昇率も想定よりは高くなっているだろうから、政策の見直しに向けた空気は強まりやすい。

もちろん、2％物価目標の実現のメドについて明確な結論も出ていない早い段階で政策の撤廃にまで踏み込むと、それはそれで問題視されかねない。従来、植田総裁は2％物価目標の達成まで長短金利操作を継続するという趣旨の発言をしていただけに、なおさらだ。

植田総裁は4月10日の就任記者会見で「現状の経済・物価・金融情勢にかんがみると、現行のYCC（イールドカーブ・コントロール、長短金利操作）を継続するということが適当であるというふうに考えている」と述べていた。

そこで従来の説明との整合性をつけるための有力な選択肢になるのが、長期金利操作を形式的に続けつつ、実質的に撤廃する策だ。

具体的には、操作対象を10年物国債利回りから2年債利回りに短期化し、金利の変動容認の上限を0・25％程度にするのが一案だ。10年債利回りの変動容認上限を今の0・5％程度からさらに大きく上げるやり方でもいい。

長期金利の上限突破は起きにくくなるから、日銀の積極的な介入も不要になる。長期金利操作の枠組み自体は継続していると説明できる一方、金利操作は実質的には撤廃される。

長期金利操作を「継続」しつつ「実質撤廃」する秘策

先ほど紹介した4月10日の植田総裁の発言も、長短金利操作という現行の政策の枠組み自体を「継続」すると言っているだけで、その枠内で金利操作に何らかの修正を加えることまでは否定していないと受け止められる。

植田氏は同じ記者会見で次のような気になる発言もした。「基本的には長短金利操作（YCC）を大幅に修正するかどうかというのは、経済・物価・金融に関する情勢が基調的にどういうことかということで決めていくのが正しいかなと思う」

ここで「経済・物価・金融に関する情勢の基調」と直接リンクしているのは「YCCの大幅な修正」である。「小幅な修正」なら2%物価目標の実現に関する判断などと切り離してできるという言い方になっている。

何が大幅で何が小幅かは明らかでないが、常識的に考えてYCCの完全撤廃は「大幅」だ

図表3-7　抜き打ち的な事実上の撤廃はありうる
（長期金利操作など政策に関する植田氏の発言）

- 時と場合によってはサプライズになることも避けられない（2/24）→突然の決定を否定せず
- 現状の経済・物価・金融情勢にかんがみると、現行のYCCを継続するということが適当（4/10）→YCCの枠内での修正は否定せず
- YCCを大幅に修正するかどうかというのは、経済・物価・金融に関する情勢が基調的にどういうことかということで決めていくのが正しい（4/10）→YCCの「小さな修正」なら情勢にかかわらずできるとの解釈も可能
- 「（YCC修正は）ギリギリまで発表できない」（4/24）→事前示唆は難しい
- 基調的なインフレ動向が安定的に2%に達するという見通しが実現するまで、長短金利のイールドカーブ・コントロールを続けるというコミットメントをしているので、その枠のなかでできることをやっていく（4/28）→YCCの枠内での修正はありうる

（出所）日銀公表資料や報道をもとに筆者作成

ろう。ただ政策の枠内での修正は「小幅」との考え方も成り立つ。

以上のように植田氏は慎重に言葉や表現を選び、将来の政策の自由度を確保する工夫を施している（図表３−７）。そのあたりも含めて同氏の真意を読み取る努力が、植田日銀ウオッチングには欠かせない。

長期金利操作の修正はサプライズ的に決める可能性

なお、長期金利操作を修正・撤廃する場合、植田日銀は事前に明確なシグナルは送らないかもしれない。長期金利は事前に修正を示唆するとすぐに動

いてしまうからだ。

実際、植田総裁は4月24日の国会で、「中途半端な情報発信をすると市場に大きな攪乱《かくらん》が発生する」として「ギリギリまでなかなか発表できない」と語った。22年12月の長期金利の容認上限引き上げと同様に、サプライズ的な決定になる可能性に十分な注意を払っておきたい。

さて、次に「副作用3兄弟の次男」であるマイナス金利政策に話を進めよう。

そもそも、金利は普通、プラスの水準になっている。マイナスになれば、お金を借りる人が金利をもらうおかしな話になってしまうからだ。それだけでもマイナス金利政策が異例であることはわかるだろう。

以前は欧州の中央銀行でもマイナス金利政策が導入されていたが、インフレ圧力の広がりを受けて、今は主要国・地域の中銀でマイナス金利政策をとっているのは日銀だけだ。

日銀のマイナス金利政策は、日銀当座預金の一部金利をマイナス0・1%にする政策である。日銀はこのマイナス幅を拡大する「深掘り」を追加緩和の手段と説明してきたが、結局、そのカードを切ることはなかった。20年のコロナ危機のもとでも、マイナス幅は広げなかったのだ。なぜか。

理由はひとつではないが、やはり副作用への懸念が強かったという点はあるだろう。「マイナス」という言葉にはネガティブ（否定的）な響きがあり、人々の心理をむしろ悪化させてしまったと指摘された点は第2章でも触れた。

金利が下がりすぎると経済にマイナスになることも

ここで「リバーサルレート」と呼ばれる議論を紹介しておこう。米プリンストン大学のマーカス・ブルネルマイヤー教授が主張するものだ。

一般に金利は低い方が経済を刺激できると理解されている。例えば、3％の金利を2％に下げれば、より安いコストでお金を借りられるようになり、企業の投資活動が活発化するなどして経済にプラス効果が出やすい。

だが、どんな水準であれ金利を下げれば下げるほどプラス効果が出るかというと、そう単純でもないことが欧州や日本のマイナス金利政策、あるいは日本の長期金利操作の経験からもわかってきた。

低い長期金利の長期化による負の作用については既に詳しく説明したが、金利を下げすぎると、むしろマイナス効果が出かねないというのが「リバーサルレート」の議論である。「リバーサル」とは「逆転」という意味。金利を下げすぎると逆効果になりかねないということだ。

金融機関の収益を圧迫する副作用がある点は、マイナス金利政策も長期金利操作と同じである。

よく指摘されるのは、日銀当座預金の金利がマイナスになっているため、当座預金にお金を預けている銀行が金利をもらうのではなく、払わなければならなくなっている点だ。確かに、それが銀行にとって負担を生んでいるのは事実だが、実際にはあまり大きな問題とは言いにくい。金利がマイナスになっているのは日銀当座預金の一部に過ぎないからだ。

だが、マイナス金利政策が銀行経営に負の作用を及ぼす理由は他にもある。利回り曲線（イールドカーブ）の起点がマイナスになっているため、利回り曲線全体が下方にシフトする圧力がかかってしまうことだ。これは利ザヤを縮小させる。「マイナス金利政策を理由に、顧客が貸出金利の引き上げをなかなか受け入れてくれない」（有力地方銀行関係者）といった声も聞かれる。

以上がマイナス金利の副作用だが、日銀内では「マイナス金利政策の副作用は長期金利操作のそれと比べると限定的」（幹部）との声がある。また、マイナス金利政策自体は異例の政策とはいえ、その解除は伝統的な政策手段である短期政策金利の引き上げと解釈され、本格的な利上げと受け止められやすい。

副作用軽減の理屈でマイナス金利を解除できるか

したがって、2％物価目標達成のメドが立たない場合に、副作用軽減という理屈だけでマイナス金利を解除するのは、あり得ないと決めつけるべきではないが簡単ではないだろう。それが現時点での日銀内の空気だ。この点は長期金利操作の修正とは異なる。

次に、「副作用3兄弟の3男」である上場投資信託（ETF）購入について見てみよう。今、主要国・地域の中央銀行で金融政策として「株式」を買っているのは日銀だけだ。かつて1990年代後半のアジア通貨危機時、香港の当局が株式を買った例はあるが、中銀が普通はやらないことを日銀が手掛けているのは間違いない。

中銀が「株式」を買うのはなぜ異例なのか。中銀が買った資産は、私たちが使っているお札の信用を裏づける役割を果たす面がある。中銀がお札を世の中に発行する場合、それに見合った資産を世の中から買う。その資産がお札の信用を支えるという流れだ。

したがって中銀は普通、国債のような信用度が高い資産を買い入れる。国債の信用度が高いのはなぜか。国債は国が発行した借用証書であり、国は国民から税金を集めるなどして借金を返せるので、その借用証書が紙切れになることは先進国では普通はないからだ。

一方で、「株式」は倒産の可能性もある民間企業が発行したものであり、経営がおかしくなれば紙切れになりかねない。そうした資産をお札の信用の裏づけにするのは、異例といえる。

もっとも、日銀の資産全体から見れば、2023年3月末時点でETFの保有残高（簿価）が占める比率は約5％であり、一部の株式に集中投資しているわけでもない。日銀が買っているのは、多数の株式で構成する指数に価格が連動するETFだからだ。したがって、お札の信用に人々が深刻な不安を感じるような話ではないだろう。

では、ETF保有残高（時価）を株式市場の規模と比べるとどうか。東証プライム市場の時価総額の約7％だ。この比率の評価は様々だろうが、企業によっては日銀に実質的に株式を保有されている比率はもっと高く、1～2割程度に達している例もあるとの試算もある。株式には国債のような満期償還（満期になってお金の借り手が返すこと）がないから、放置しておくと、いつまでたっても日銀のバランスシートからETFが消えない。本来、企業価値を反映すべき株価にゆがみが生じてしまう懸念はやはりあるだろう。「株式が買い支えられてしまえば、経営者は企業が抱える本質的な問題点に気づきにくくなる。株価指数に連動するETFの買い入れなので、経営に問題があったり、成長力が低かったりする企業の株も買っており、延命につながってしまう点も不適切だ」と、ニッセイ基礎研究所主席研究員の井出真吾氏は言う。

日銀が株価下落局面で買い支えてしまうと、個人や機関投資家が安値で買いにくくなり、資産運用がしにくくなるという問題もある。

日銀は既にETF購入を大幅に抑制

もっとも、ETF購入を減らすための大がかりな政策修正を決める必要があるかには、日銀内で疑問も指摘される。

日銀は既に21年春に、副作用軽減のために購入を大幅に減らしたからだ。第2章で述べたように、株価が大きく下落したときに限って購入するやり方に改めた。

その結果、修正前の数年間に年間4兆～7兆円程度もあった買い入れ額が、22年は6000億円程度に縮小。23年も1～5月で約1400億円だ（図表3－8）。

今後も減らそうと思えば、わざわざ金融政策決定会合を開かなくても執行部の裁量でできるようになっている。というのも買い入れ基準は非公表であり、それは執行部が決めている

図表3-8　2021年の政策修正で既に大きく減少（日銀の年間ETF購入額）

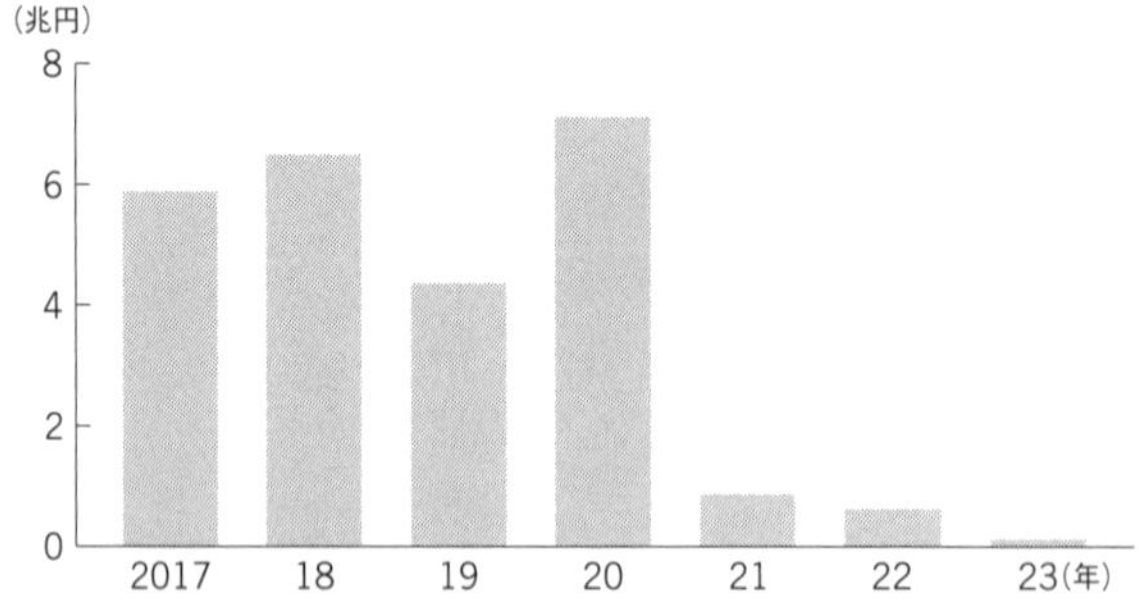

（注）2023年は1～5月
（出所）日銀

からだ。

具体的には、午前中の東証株価指数（ＴＯＰＩＸ）下落率が一定水準を超えると午後にＥＴＦを買う仕組みになっている模様だ。従来は午前の下落率が「１％超」などで買っていたが、21年4月以降は「０・５％超」あるいは「２％超」になっていると見られる（図表３－９）。

執行部判断でこのハードルをさらに上げれば、買い入れ額は一段と縮小するだろう。１回あたりの購入額も今は約７００億円だが、減らそうと思えば減らせる。

このように考えてくると、植田日銀がＥＴＦ購入の政策修正を大々的に打ち出すことを優先する可能性は高くないのではないかと思われる。

もちろんＥＴＦに関しては、フロー面での購入

図表3-9 「2%ルール」による購入が続いている
（日銀のETF買い入れの推移）

	午前の株価下落率（%）	購入額（億円）
2021年		
4/21	2.170	701
6/21	2.547	701
9/29	2.403	701
10/1	2.027	701
2022年		
1/14	2.017	701
1/25	2.026	701
2/14	2.018	701
3/7	2.881	701
4/7	2.002	701
5/19	2.032	701
6/13	2.009	701
6/17	2.028	701
12/2	2.039	701
2023年		
3/13	2.017	701
3/14	2.343	701

（出所）2023年5月まで、株価は東証株価指数（TOPIX）、日銀公表データなどをもとに筆者作成

減額だけでなく、ストック面の対応も課題と指摘される。保有分（23年3月末の簿価で約37兆円、時価で約53兆円、日銀公表値）の放出だ。植田氏も総裁候補時代に国会で「大きな問題」と語っている。ただ、日銀によるＥＴＦ売却が株価下落の引き金を引くリスクもあり、簡単な話ではないだろう。

ＯＢからも出た日銀保有ＥＴＦの個人への譲渡案

日銀が買ったＥＴＦは、最終的に個人に譲渡して保有してもらうのが望ましい――。日銀ＯＢからそんな出口政策案が出たこともある。黒田東彦前総裁時代に理事を務めた櫛田誠希氏（現日本証券金融社長）が『証券アナリストジャーナル』（20年11月号）への寄稿で示している。

当時、筆者は日本経済新聞のコラムでこの提案を紹介。かなり反響があった。それもそのはず、櫛田氏は日銀が10年10月にＥＴＦ購入を決めたときに金融政策の企画・立案を担う企画局長という要職に就いていていたからだ。

つまりＥＴＦ買い入れという政策の立案にかかわった人物なのだ。それだけに出口に関する発言は重みを持った。

個人への譲渡が望ましい理由として、同氏は政府が進める「貯蓄から資産形成へ」という政策に資する点を挙げていた。譲渡は希望者を募るなどして実施することを想定。市場への悪影響を防ぐ方策として、櫛田氏は「一定期間、相応のインセンティブ付与を前提に売却制限を付すことが考えられる」とした。

例えば、今のように日銀のＥＴＦに含み益がある時期には割引価格で売れる。その恩恵を前提に時限的な売却制限をすれば、相場への下落圧力を一定程度抑えられる。

提案した出口案について、櫛田氏は「すぐに実現するとは考えていない」と語っていたが、似た考えは民間にもある。

既に述べた通り、１９９０年代後半のアジア通貨危機対応で、香港の当局は株の買い入れをした。その出口政策として採用されたのも個人などへの譲渡。ＥＴＦを組成し、価格を割り引くといった方法で売却。個人投資家の育成に貢献したと評価される。

割引価格での保有ＥＴＦ売却に慎重論も

ただし、植田総裁は5月に国会で「（ＥＴＦの）処分価格は時価によることになる」と述べ、割引価格での売却に否定的な姿勢を示した。ある元日銀理事は「いくら割引価格で譲渡しても、株価の下落で個人が損失を被るリスクは残る」と語る。

日銀は保有ETFからかなりの分配金収入（22年度には約1兆1000億円）を得ており、急いで割引価格で売ってしまうのは賢明でないかもしれないとの指摘も日銀関係者の間で聞かれる。どういうことか。

日銀が将来、短期の政策金利引き上げを進める場合、金融機関が持つ日銀当座預金の大部分にかかる金利（付利）を上げる手法をとると見られる。今のように巨額のマネーを供給している状況では、ちょっとやそっとの資金吸収策では短期市場金利を高めに誘導できないし、かといって保有する長期国債を思い切って売れば、短期金利だけでなく長期金利まで跳ね上がり、経済が混乱するからだ。付利引き上げというやり方を採用せざるを得ないのだ。

問題は、異次元金融緩和によって当座預金残高が膨れ上がっていること。23年春時点で付利の対象部分は520兆円程度あったもようだ。

仮に植田日銀がマイナス金利の幕引きからゼロ金利解除に進み、短期政策金利を0・25％ずつ上げるとする。あくまで粗い計算だが、今の付利部分の規模が続くことを前提にすると、日銀は0・25％の利上げごとに年1兆円を超える金融機関への追加的支払いが必要になる。

22年度の日銀決算で当期剰余金（最終利益に相当）は現行日銀法の施行（1998年）以降で最高になったというが、それでも約2兆円。「過去最高益」でも、短期政策金利を0・5％に上げたときの追加的支出で消え、赤字転落しかねない。

重要なのは、仮にETF分配金が無ければそうした財務状況の悪化がより早まりかねない点だ。植田総裁も23年6月7日の国会で「ETFの配当金が無い場合は、その分、収益は下がるので、全体の姿はやや厳しめになる」と語った。含み益を個人投資家に還元するような割引価格での放出では、売却益も確保しにくい。

財務が悪化するなら日銀は引当金取り崩しといった手段も使えるが、引当金などからなる「自己資本」は22年度末で12兆円程度しかない。仮に物価上昇圧力が強まり、0・5％を一定程度上回る水準へ利上げを進めていくなら、何年かで債務超過になる恐れも出てくる。

以上はあくまで静態的な単純試算である。例えば、金利上昇局面では国債利息の収入も、新たに買った分からではあるが徐々に増えるだろう。中銀が短期的に赤字や債務超過になったところで、政策がしっかりしていれば大きな問題ではないという声にも一定の説得力はある。ただし、市場は円売り、日本売りの材料にするかもしれない。

いずれにせよ、短期政策金利引き上げが及ぼす財務への悪影響を緩和しようと思うなら、

図表3-10　売り越しも珍しくなくなった（日銀の「株式」の売買動向）

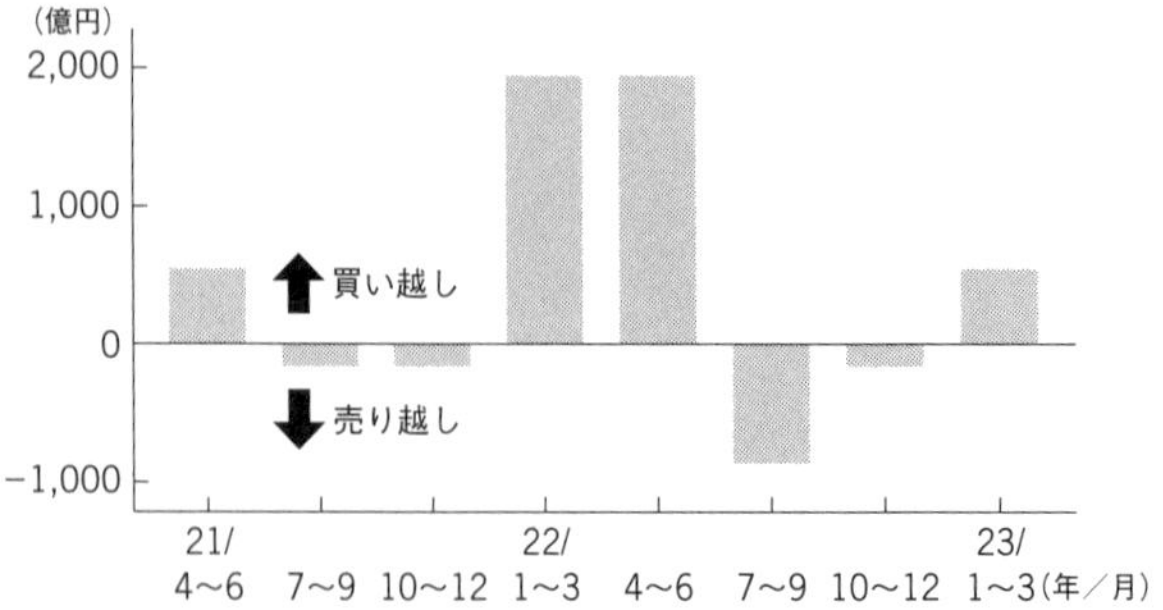

（出所）日銀のデータをもとに筆者作成

日銀は割引価格でのＥＴＦ譲渡は避けた方がよさそうなのだ。植田総裁も23年6月9日の国会で、金融政策の出口になったときＥＴＦを持ち続けることも「ひとつの選択肢」と答えた。短期政策金利の引き上げと割引価格でのＥＴＦ放出という2つの出口政策を両立させるのは簡単ではなさそうだ。

日銀保有ＥＴＦの処分は、場合によっては政府も巻き込んだ大がかりな議論や検討が必要になりそうであり、植田日銀にとって当面はそれほど優先度の高い案件ではないかもしれない。

もっとも、実は日銀は既に「株式」の売り手になっている。意外と知られていない事実なので、紹介しておこう。

前述の通り、21年3月の政策修正を受けて、日銀のＥＴＦ買い入れは大きく減った。一方で日銀は、かつて金融システム安定策として銀行から買い取った株式の売却を進めている。その保有額（時価）は21年3月末時点で約1兆7400億円だった。あくまで単純計算だが、26年3月末の期限まで当初方針通り均等に売るなら、毎月290億円、四半期で870億円になる。大きく縮小している日銀のETF購入がそれを下回るなら、日銀は「株」を売り越す計算になるのだ。

実際、四半期ベースで見ると、日銀が「株」を売り越すケースは珍しくなくなっている（図表3−10）。

政策修正に関して最後に付け加えると、2％物価目標の位置づけを変えることも議論されるかもしれない。今は「できるだけ早期に実現することを目指す」となっているが、中長期的な目標に改めるのが一案だ。

以上、植田日銀が2％物価目標の持続的・安定的な実現のメドが立たない場合などに実施しそうな政策修正について述べてきた。

正常化後も長期金利への「関与」は続きそう

次に、2％実現のメドが立ち、政策を正常化するケースについて考えてみる。政策はどのように見直されるのか。

まず長期金利操作を取り上げてみよう。仮に2%の持続的・安定的達成のメドが立った場合、具体的な誘導水準や変動容認幅を示して長期金利を操作する政策からは手を引くのが自然だろう。

ただ、既に述べた通り、具体的な目標を掲げて長期金利を操作する政策をやめたとしても、長期金利の低位安定を促す姿勢は維持するだろう。日銀の長期金利への関与自体は、異次元緩和開始の前から見られたものだ。今後もフォワードガイダンスや長期国債の買い入れを通じて、金利の跳ね上がりを抑える努力は続けそうだ。

長期金利操作の撤廃に続いて、短期政策金利の見直しも検討しそうだ。まずマイナス金利政策が終わる。2%の実現のメドが立てば、もちろん金利は引き上げる方向になるだろう。まずマイナス金利政策が終わる。その次の段階であるゼロ金利政策解除も視野に入ってくる。両者同時実施の可能性もゼロではないが、分けると見る方が普通だろう。様々な混乱を避けるため、可能な範囲で事前にシグナルを送る工夫を施すだろう。

ただ、仮にゼロ金利解除までこぎつけたとしても、その後の政策金利の引き上げが大幅なものになることは、現在の中心的なシナリオとしては想定しにくい。その理由は第5章で示すことにする。

ＥＴＦ購入はどうか。これも繰り返しになるが、大がかりな見直しを金融政策決定会合で正式に決めることは、長短金利操作の修正ほど優先順位が高くなさそうだ。

既に買い入れ額をかなり抑制しており、一段の縮小も執行部判断で可能になっているからだ。危機が発生したときに備え、買い入れの枠組み自体は残しておくのも選択肢になりうる。

ＥＴＦの保有残高売却の問題も、議論は始まったとしても、実際に早期に放出を開始するのは簡単ではなさそうだ。理由は上述した通りである。

正常化の時期が前倒しされる展開も

なお、植田氏は、今の想定より早い段階で2％実現のメドが立つこともありうると語っている。本当にそうなるなら、24年春から夏のタイミングを待たずに正常化が動き出しそうだ。

植田氏の言い方はこうだ。

「来年（24年）の春闘は、おっしゃったように非常に重要な要素かと思う。ただ、厳密にそこまで待たないと判断ができないかということでは必ずしもないと思う。例えば、来年の春闘のベースとして今年の物価動向がひとつ影響するだろうし、今年の企業収益も影響するというふうに考えられる」

「そういう来年の賃上げの程度につながるような今年のいろいろな経済変数の動きを見ていくなかで、これは大丈夫だというふうに思って、持続的に2％が達成されそうだという判断に至るケースも十分あり、可能性としてはありうるというふうに考えている」（4月28日の記者会見）

日銀が23年4月に示した物価見通しは、23年度にはいったん物価上昇率が2％を割り込む内容になっていたことは既に紹介した。ただ、この見通しに「上振れリスクの方が大きい」というリスク判断がついている点にも触れた。

この上振れリスクが顕在化すれば、24年度の賃上げも高めになるとの見通しも成り立ちうる。22年度の高い物価上昇率が23年度の高い賃上げにつながったように、賃上げは前年度の物価動向に左右されるからだ。

そのように、2％達成に早めにメドがつくこともありうるのだ。しかも、植田氏はそのケースが「十分ある」と言っている。

もっとも、「十分ある」という表現を使った物価観は、植田氏の個人的な見方かもしれない。政策委員会全体の平均的な見方より強気に傾いている可能性もある。

実際、植田氏は23年4月28日、金融政策決定会合での議論の内容を紹介して、こう述べた。

「だいぶ前に見ていたよりは持続的・安定的な2％の物価達成の希望はそこそこ持てるような、見通せるようになっているという状態ではないけれども、ある程度可能性は出てきているということも、複数の委員が言っていたように思う」

「そこそこ」とか「ある程度」という言葉から判断すると、今のところ、他の委員は植田氏ほど強気でない印象を受ける。

以上、植田日銀の金融政策の修正や正常化に関するシナリオを分析してきた。最後に付け加えると、仮に金融不安、自然災害、地政学的リスク顕在化などで重大な混乱や危機が発生した場合は、政策修正や正常化を目指している余裕はなくなるだろう。むしろ、追加的な緩和を決める必要性が出てきそうだ。

20年春のコロナ危機対応時のように、潤沢な資金供給や企業の資金繰り支援に努めるかもしれない。場合によってはＥＴＦ購入の再拡大もありうる。危機への対応に機動的に動くのは中央銀行の重要な仕事だ。

図表3-11　米国の利下げ局面で日銀は「利上げ」できなかった
（米政策金利の推移と日銀の利上げや長期金利上限上げの時期）

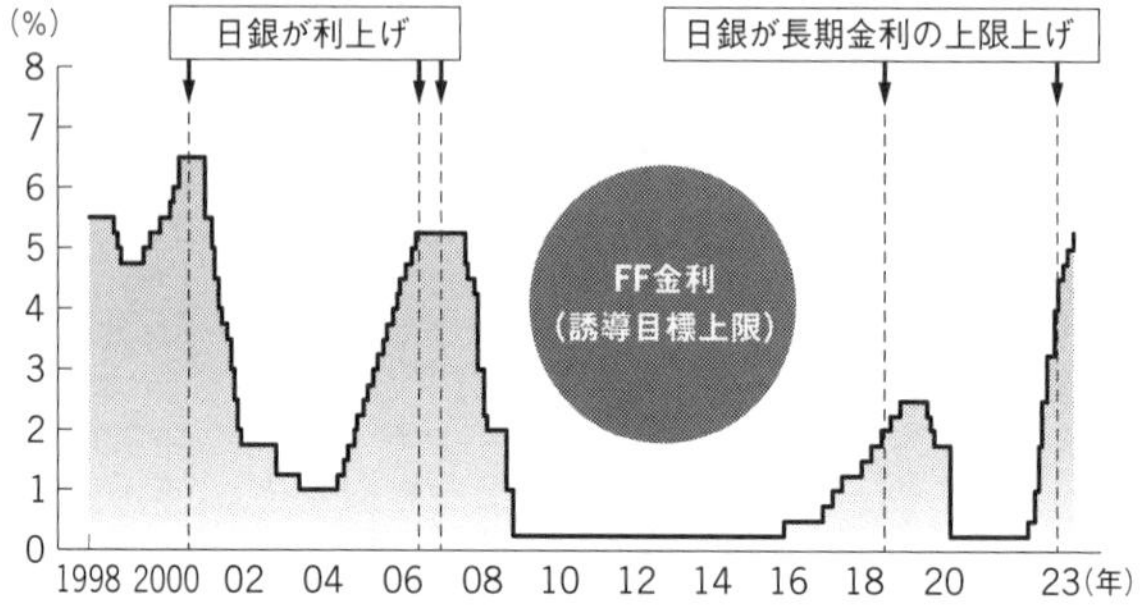

（出所）FRBや日銀のデータ・資料をもとに筆者作成

米国の利下げが始まると日銀の自由度は低下

なお、本章の最後に、日銀の金融政策修正や正常化の行方を左右しうるものとして、これまで触れなかった2つの要素について述べる。

ひとつは米経済、特にその金融政策で、もうひとつは国内の政治情勢、特に国政選挙である。

前者について結論から言うと、米国が今後、利下げ局面に入った場合、日銀の政策修正や正常化に向けた自由度は下がる。過去のパターンを振り返ればそれは明らかだ（図表3－11）。

過去四半世紀、日銀が金利を上げる決定や、金利が上がりうる決定をした例は主に5つある。2000年8月と06年7月のゼロ金利政策解除や07年2月の追加利上げでは、短期の政策金利（無担保コール翌日物金利）の誘導水準を上げた。いわゆる利上げだ。また、18年7月と22年12月には、操作対象の長期金利（10年物国債利回り）の変動容認幅を広げ、上限を上げた。

重要なのは、これらが決まったタイミングは、いずれも米政策金利が低下していた時期ではなかった点だ。米国の利下げが始まると日銀は金利を上げにくくなるからだろう。

その背景には、米金利が下がればドル安・円高リスクが高まるという事情がある。米利下げ局面は同国経済に勢いがなく、日本経済に悪影響が及びがちな点も指摘できる。こうした要素を今後の日銀も軽視しにくく、米国の利下げ開始後は政策の修正や正常化の自由度は下がりうる。

もっとも、過去3回の米利下げ開始時の円相場の水準（おおむね1ドル＝108〜116円）と比べて、今の円相場（23年5月末時点で1ドル＝139円程度）は安い。この状態が続くなら、米金利が下がり始めても、日銀は従来よりも円高の悪影響を気にせずに金利を上げやすいかもしれない。

とはいえ、今後米利下げ開始が一段と現実味を帯びてきた場合、円はもっと高くなってしまう可能性はある。過去と同様に円高警戒が強まり、政策の自由度を奪う逆風が吹く展開もありうる。

米国の利上げは最終局面に

問題は、その米国の利下げが徐々に視野に入りつつある点だ。FRBは23年6月14日の米連邦公開市場委員会（FOMC）においてそれまで続けてきた利上げの見送りを決めた。同時に23年内に2回（合計0・5％）の追加利上げを決める可能性を示唆する経済見通しをまとめたが、実際にどうなるかは今後のデータ次第だ。いずれにせよ、米利上げは次第に最終局面に入っていきそうな印象がある。

「直近の過去4回のパターンを振り返ると、最後の米利上げから最初の利下げまでの間隔は平均8ヶ月半」（みずほ証券の上野泰也チーフマーケットエコノミスト）という。

仮に米利上げが23年の夏あるいは秋くらいまでに終わるなら、24年の春あるいは夏くらいまでに利下げが始まっても不思議はないわけだ。

日銀が24年春～夏までに政策の修正や正常化に乗り出す可能性はある。ただし、米利下げが始まってしまえば、日銀は動きにくくなるかもしれない。もし米利下げ前に正常化を始めていたとしても、その後の大幅な金利の引き上げは難しくなることがありうる。

次に、植田日銀の動きに影響を及ぼす要素として「政治」にも触れておく。

日銀は日銀法によって金融政策の「自主性」を認められており、政治から独立した立場で政策を決める。金融政策は経済・物価情勢や市場環境をにらみながら決めるものであって、政治からあれこれ注文を付けられたうえで決めるものではない。

ただし、それは金融政策が政治とまったく無関係に決まることは意味しない。日本は民主主義の世の中であり、実際、日銀の最高意思決定機関である政策委員会のメンバー（総裁、2人の副総裁、6人の審議委員）は国会（衆参両院）の同意を得たうえで、内閣が任命する。日銀も政治・政局動向には常に注意を払うし、国会対応を担当するスタッフもいる。

国政選挙の直前には動かない日銀

そうした政治との関係のひとつとして、国政選挙（衆院選と参院選）との関係に触れておきたい。国会に送り込む国民の代表を選ぶ国政選挙は民主主義を支える重要なイベントであり、金融政策運営上も一定の重みを持つ。

端的に言ってしまえば、国政選挙に近いタイミングでの政策変更は普通、しない方が望ましいと考えられている。選挙直前に動けば政治的な解釈をされやすく、中立性を確保しにくいからだ。

一般的に緩和方向の決定は政権に追い風、引き締め方向は逆風を吹かせたと受け止められやすい。日銀に特別な意図はなくても、そうした解釈をされること自体が、あまり好ましい話ではないのだ。

実際、現行日銀法施行（1998年4月）以降、日銀の政策変更・修正が衆院選や参院選の直前に決まったケースはない。最も近い例（2003年10月10日）でも衆院選（11月9日）から1ヶ月程度離れていた（図表3－12）。

政策変更・修正が選挙の直前ではないタイミングに決められてきた原因のすべてを選挙日程との関係に求めるのは誤りだが、こんな例もある。16年7月29日の追加金融緩和は、ひとつ前の6月16日会合で決めるという見方もあったが、結局翌月になった。参院選の日程（7月10日）も一因として取り沙汰された。

ちなみに、過去の例を見ると、日銀は国政選挙の後には比較的早い時期に政策を変えたことがある点を確認できる（図表3－12）。選挙が終わってしまえば、政策変更について政治的な解釈はされにくいためかもしれない。衆院選や参院選の直前の行動は控えがちだが、終わってしまえば自由に動く――。植田日銀についてもこの傾向が当てはまる可能性を頭に入れておいた方がよさそうだ。

図表3-12　国政選挙直前には動かない日銀
（政策変更・修正決定と選挙の時期）

年	主な政策変更・修正決定日	衆院選	参院選
1998	9/9		7/12
1999	2/12		
2000	8/11	6/25	
2001	2/9、2/28、3/19、8/14、9/18、12/19		7/29
2002	2/28、10/30		
2003	3/25、4/30、5/20、10/10	11/ 9	
2004	1/20		7/11
2005		9/11	
2006	3/9、7/14		
2007	2/21		7/29
2008	10/31、12/19		
2009	12/1	8/30	
2010	3/17、8/30、10/5		7/11
2011	3/14　8/4　10/27		
2012	2/14、4/27、9/19、10/30、12/20	12/16	
2013	1/22、4/4		7/21
2014	10/31	12/14	
2015	12/18		
2016	1/29、7/29、9/21		7/10
2017		10/22	
2018	7/31		
2019			7/21
2020	3/16、4/27、5/22		
2021	3/19	10/31	
2022	12/20		7/10

（出所）現行日銀法施行以降2022年まで、筆者作成

第　4　章

植田日銀は
こうシグナルを発する

日銀ウオッチングのコツ

記者会見に臨む日銀の植田和男総裁。
左は氷見野良三副総裁、右は内田眞一副総裁
（2023年４月10日、提供：共同通信社）

「植田日銀が政策を修正したり、正常化したりする可能性があることはわかったが、これまでと同じようにサプライズ的に決められたら大変だ」――。

読者の皆さんはそう考えているかもしれない。無理もない。この10年間、黒田東彦前総裁のもとで、人々を驚かす抜き打ち的な政策変更が連発されたからだ。例えば、2014年の量的・質的緩和拡大は、黒田総裁が直前まで「物価は2％目標に向けて順調な道筋をたどっている」と語っていたのに決まった。16年のマイナス金利政策導入決定も、黒田総裁は事前に否定的な発言をしていた。22年の長期金利の容認上限引き上げもサプライズ的な決定だった。

だが、植田日銀は少なくとも短期の政策金利の引き上げに着手するときには、もっと丁寧に対応しそうだ。可能な範囲で事前にシグナルを発して、混乱の発生を避けると考えられる。

黒田総裁時代の日銀がサプライズ的な手法をよく使ったのは、金融緩和ではそうしたやり方が意味を持つという考え方にもとづくものだったようだが（それが妥当な考え方だったかには疑問もあるが）、逆に金利の引き上げを始めるときは突然決めると人々の心理を悪化させかねないからだ。

こう言うと、22年12月の長期金利の容認上限引き上げも抜き打ち的に決まったではないかとの反論が出そうだが、あれは長期金利操作という、主要中央銀行としてあまり例のない政策に関する見直しだったからだ。

長期金利は事前に修正を示唆するとすぐに動いてしまうという特殊事情があった。植田日銀も長期金利操作の修正・撤廃はサプライズ的に決めることがありうる。植田和男氏も総裁候補だった23年2月下旬、国会で「(政策決定は)時と場合によってはサプライズ的になることも避けられない」と述べていた。

短期政策金利の転換は事前に情報発信

一方、マイナス金利やゼロ金利の解除といった短期政策金利の転換点となる決定は、むしろ事前に適切な情報発信をした方が混乱は小さくなる。00年や06年の日銀によるゼロ金利解除も突然決まったわけではなかった。

短期の政策金利引き上げは、人気を集める変動型住宅ローン金利に影響を及ぼしうるだけに、混乱を避ける丁寧な対応はなおさら重みを持つ。

では、事前のシグナルというのは、どのように発せられるのだろうか。日本では短期政策金利を上げる決定が久しくなされていないので、特に若い人は具体的に想像しにくいだろう。

そこで、まずは00年8月のゼロ金利解除に至る経緯を具体的に振り返ってみる。植田日銀が今後、マイナス金利やゼロ金利を解除する際に似たような行動をとると考えられるので、参考になると思うからである（以下の記述には拙著『日銀はこうして金融政策を決めている』〈日本経済新聞出版、04年〉と重なる部分もある）。

そのうえで、植田日銀がシグナルを発する際にどんな手段を使うのか、どんなところに注意を払ったらいいのかを述べていく。筆者が長年培ってきた日銀ウオッチングの技法を解説したい。

2000年のゼロ金利解除、日銀は事前にどんなヒント？

まず時計の針を00年の初頭に戻す。「いずれゼロ金利という異常な金利水準から金融政策の舵をきらなければならない」。同年初となる1月17日の金融政策決定会合で、こう声を上げた人物がいた。当時審議委員を務めていた三木利夫氏である。

同氏は新日本製鉄（現在の日本製鉄）の元副社長。

ゼロ金利政策の維持に賛成票を投じてきたものの、産業界出身者として「金利ゼロ」に違和感を持っていた。

決定会合での議論の概要は、事後的に議事要旨によって発言者の名前を伏せた形で開示される。三木氏の発言も2月29日公表の議事要旨に次のように記された。

「1人の委員は、経済の安定成長を考えた場合、ゼロ金利政策は異常な金融政策であり、これから脱却することが本年の政策課題である、と述べ、また、①判断のタイミング、②判断に至る過程についてのアカウンタビリティ、③フォワードルッキングな政策判断、④ミクロの現場の動きへの注意、といった点の重要性を強調したうえで、上記の（ゼロ金利政策を維持する）大勢意見に同調した」

ゼロ金利政策維持を主張してきた「主流派」のなかにも変化が起き始めた注目すべき動きであり、議事要旨の記述としては比較的多めのスペースを割いたものとなっている。こうしたメッセージは重みがあり、見落としてはいけない。

00年春になると、経済統計にも変化が出てきた。

4月3日公表の日銀の全国企業短期経済観測調査（日銀短観）で、00年度の大手製造業の設備投資計画が3年ぶりにプラスに転換したのだ。

速水総裁の口から踏み込んだ発言が

やがて、速水優総裁（当時）自身の口から、ゼロ金利解除に関する踏み込んだ発言が飛び出す。

4月12日の記者会見で同月の日銀の景気判断について「かなり大きく前に進んだといえると思う。一言で言えば『景気は、持ち直しの動きが明確化している。民間需要面でも、設備投資が緩やかながら増加に転じるなど、一部に回復の動きがみられ始めている』といえる」と説明した。記者が「ゼロ金利政策解除の条件は整いつつあるとお考えか」と問いただすと、あっさり「おっしゃる通り」とストレートに答えたのだ。

記者はさらに聞いた。「マーケットは、年内どこかのタイミングで日銀はゼロ金利の解除を視野に入れて政策判断していくのかなというような受け止め方をするかもしれないが、それは誤りではないか」。単刀直入な問いに対して、速水氏は「それが間違っているとは思わない」とあっさり語った。

マーケットは大きく反応し、長期金利（10年物国債利回り）は上がり、円も買われた。

ただし、この発言は政策委メンバーのコンセンサス（合意）を反映したものとは言いにくくく、総裁の個人的見解を反映したものだった。恐らく日銀内で異論や不満が出たのだろう。総裁は14日に軌道修正する。

首相官邸での月例経済報告等に関する関係閣僚会議の席上で、「デフレ懸念はひと頃に比べ後退してきたように思えるが、その払拭が展望できるような情勢になるまで、ゼロ金利政策を継続しつつ、注意深く情勢を点検していく」と語ったのである。

日銀は「デフレ懸念の払拭が展望できるような情勢になること」をゼロ金利解除の条件に掲げていた。それを満たしたわけではないという説明である。ただし、「デフレ懸念はひと頃に比べ後退してきたように思えるが」とも語っており、総裁の判断が前進していたのは間違いない。

ゼロ金利解除に向けて日銀が徐々に動き始めたことに政界から批判が強まってきたものの、日銀は姿勢を変えなかった。

5月には人事にも目を引く動きがあった。有力な日銀幹部として知られていた増渕稔・大阪支店長を金融政策担当理事に起用したのだ。同氏は政府側とのパイプが太く、ゼロ金利解除に向けた根回しを担当させる意図が込められていると見られた。

海外メディアを使った情報発信も

メディアを使った情報発信も実施された。

6月初めには雑誌『諸君！』（当時、文藝春秋社が発行していた月刊誌）に藤原作弥副総裁（当時）が寄稿した。「小手をかざせば見えてきた『さらばゼロ金利』」というタイトルを見ただけで、その意図は理解できた。藤原氏は「残る関門は個人消費の回復だけ」と踏み込んだ。

日銀は海外メディアへの対応にも力を入れ始めた。

米経済誌『ビジネスウィーク』（6月12日号）が「日銀の内幕」と題する特集記事を掲載。「批判に対して、速水総裁は金利を引き上げることは日本経済再生への道だと語っている」と報じた。記事を読むと、日銀が積極的に取材に協力している様子が見てとれた。

6月19日には山口泰副総裁（当時）が時事通信社とのインタビューでこう語った。「ゼロ金利政策解除に向けての潮はかなり満ちつつある」

7月17日の金融政策決定会合でゼロ金利解除は決まる——。市場でそんな見方が広がるなか、政府側からは牽制発言がさらに出たが、日銀は進み続けた。

藤原副総裁が6月22日の講演で「政策委員会の議論は、徐々に煮詰まってきている」と語ったのだ。

7月4日に公表された短観も、日銀にとって望ましい中身だった。大企業・製造業の景況判断指数は、6期（1年半）続けて改善し、指数はプラスに転換した。個人消費との関連性が強い非製造業や中堅・中小企業の景況観も上向き、2000年度の設備投資計画も前回3月の調査に比べて上方修正された。メディアも「ゼロ金利解除、月内の可能性」（日本経済新聞）といった見出しで報じた。

有力閣僚から牽制発言

7月の解除に向けた流れが強まってきた結果、政府側の批判はさらに激しくなった。宮澤喜一・蔵相や堺屋太一・経済企画庁長官ら当時の有力閣僚から家計部門の動きをもっと見極めるべきだといった牽制発言が出た。

9月公表の4〜6月期国内総生産（GDP）統計で、依然不安が残る消費の動向を確認してからでいいではないか――。政府側が言いたいことだった。背景にあったのは、7月下旬に沖縄で開かれる主要国首脳会議（サミット）。その前のゼロ金利政策解除は、景気回復への努力を日本に要請する米国から批判を招きかねないというのが政府の懸念だった。

速水総裁は7月10日、出張先のスイスで「日本経済はもう少し高い金利でも十分吸収できる」と語り強気姿勢を維持したが、帰国後、思わぬ事態が待ち受けていた。大手百貨店そごうによる民事再生法申請である。

金融機関による債権放棄を前提に経営再建を目指していた同社が、法的手段による再生へと転換。結果として金融機関の負担は増える懸念から市場心理は悪化した。ゼロ金利政策を終えられる状況ではなくなり、7月17日の金融政策決定会合での解除は見送りになった。ただ、決定会合でまとめた声明文は「日本経済は、ゼロ金利政策解除の条件としてきた『デフレ懸念の払拭が展望できるような情勢』に至りつつあるというのが委員会の大勢の判断」とした。そのうえで「最近のいわゆる『そごう問題』については市場心理などに与える影響をもう少し見極める必要性があることが、留意点として指摘された」とした。要するにそごう問題がなければ解除は決まったという意味だ。

この後、解除は9月以降に先送りになると見た政府と、いや8月もまだあるとする日銀との応酬が始まる。

政府側は、まさか夏休みシーズンの8月に重要な決定を下したりはしないだろうと見たが、速水総裁は夏休みなど関係ないといった姿勢だった（ちなみに現在は、8月には金融政策決定会合を開かないのが通例になっている)。

9月に入れば政界で補正予算論議が始まる可能性があった。財政支出と逆方向になる利上げはやりにくくなる。同月下旬には7カ国(G7)蔵相・中央銀行総裁会議も予定されていた。7月にサミット開催を理由にしたゼロ金利解除反対論が政府から出たが、今度はG7をゼロ金利解除反対の根拠に使われる恐れがあった。

「早期に金融政策をもとの姿に戻すのが筋」と総裁

以上のような懸念を持った速水氏は、8月の解除に向けた情報発信を強めていく。

7月18日の国会では「経済は上向いており、早期に金融政策をもとの姿に戻すのが筋。(ゼロ金利解除の)時期は迫ってきている」と発言した。

19日の記者会見では「4~6月期のGDPを見る必要があるか」との問いに対して、「必ずしもGDP統計だけでなく、その他統計指標やヒアリング調査などを集めれば、幅広い情報をつかむことができるし、それらによって総合的な判断をすることができる」と答えた。要するに9月まで待つ必要はないという意味だ。

だが、8月の解除は困難との見方がマーケットに広がっていく。背景にあったのは、まず株価下落だ。7月末には日経平均株価が1万6000円を下回り、市場心理が悪化。日銀は動きにくくなるとの観測が強まった。

日銀の情報発信をめぐる混乱もあった。8月4日の山口副総裁の講演である。ゼロ金利政策解除をめぐるメリットとデメリットなどを客観的に整理した内容だったのだが、ゼロ金利解除見送りのサインと受け止められてしまったのだ。

速水氏は「最後の勝負」に出る。まず8月7日に国会で「実体経済の数字を見ている限りでは、デフレ懸念の払拭が展望できたと私は見ている」と言い切ったのだ。

既に述べたように、日銀は「デフレ懸念の払拭が展望できる情勢になること」をゼロ金利解除の条件としていた。それに対して、速水氏は「展望できた」と語ったのだから、条件は満たしたと言ったのと同じだ。

ただ、7日の速水氏の発言は個人的見解に過ぎないといった見方が根強く残った。そこで速水氏は、政府から批判が出るなかでも、国会でゼロ金利解除への意欲を示し続けた。

速水総裁は本気だ――。市場でも政界でもそんな受け止め方が広がる。10日付の新聞は「日銀総裁、ゼロ金利解除提案へ」（日本経済新聞）などと報じ、金融政策決定会合当日の11日の朝刊各紙は「ゼロ金利解除へ」とさらに踏み込んだ報道をした。解除は既成事実化し

図表4-1 日銀は市場にシグナルを送り続けた
（2000年のゼロ金利解除に至る過程）

2/29	決定会合議事要旨に「ゼロ金利脱却は本年の課題」とする委員の声
4/12	速水優総裁、ゼロ金利解除の条件は整いつつあるかとの問いに「おっしゃる通り」と言明
6月初め	藤原作弥副総裁、「さらばゼロ金利」などとする文章を雑誌に寄稿
6/19	山口泰副総裁、「ゼロ金利解除に向けての潮はかなり満ちつつある」と発言
7/10	速水総裁、「日本経済はもう少し高い金利でも十分吸収できる」と言明
7/18	速水総裁、「早期に金融政策をもとの姿に戻すのが筋」と強調
8/7	速水総裁、「デフレ懸念の払拭が展望できた」と発言
8/11	ゼロ金利解除決定

（出所）日銀資料などより筆者作成

た。

そして実際に、会合ではゼロ金利解除が賛成7人、反対2人の賛成多数で決まった（第1章で述べた通り、反対した2人のうち1人は現総裁の植田和男氏だった）。会合に参加した政府代表は議決延期請求権の行使に踏み切ったものの、否決された。こうしてゼロ金利解除は決定された。

やや長くなったが、以上が00年8月のゼロ金利政策解除に至る経緯である（図表4－1）。日銀が事前に様々なシグナルを送り、世の中の理解を得ようとしたことが具体的にわかったと思う（のちにこの解除は「失敗だ」という批判も受けたが）。

重要なのは、植田日銀が今後、マイナス金利やゼロ金利を解除する際にも、当時使った様々な情報発信の手立てを再び使うことがありうる点だ。

植田日銀が使いそうな様々な情報発信の手段

そこで、ここからは、それらの手段がどのようなもので、いかなる特徴や注意点があるのかを解説していく。以下の内容を頭に入れておけば、今後日銀が短期政策金利の引き上げに向けて送る可能性があるシグナルを、適切に受け止めやすくなるはずだ。

取り上げる情報発信の手段は、①総裁ら政策委員会メンバーの記者会見や講演、②国会での答弁、③決定会合の議論内容を開示する議事要旨や「主な意見」、④日銀の景気判断、⑤金融政策に影響する経済統計、⑥メディアの報道――などである。

まず、総裁らの記者会見や講演から解説していく。

総裁は年8回開く定例金融政策決定会合の後、普通は午後3時半から記者会見を開き、政策決定の理由などについて説明する。

今では同時中継されるようになっており、リアルタイムで見られる（日本経済新聞の電子版でも動画コンテンツとして公開している）。記者会見の内容を文字に起こした文書も、翌営業日の夕刻から夜にかけて日銀のホームページで公開される。

大阪や名古屋といった東京以外での記者会見も時々あり、20カ国・地域（G20）財務相・中央銀行総裁会議など海外で開く国際会議に参加した後にも、通常は記者会見をする。

講演をする機会も少なくなく、話を終えた後に質疑応答をするケースもある。講演のテキストは終了後、日銀のホームページで公開するが、質疑応答部分は載っていないので報道で内容を確認するのがいいだろう。

また総裁らは時々、新聞、テレビといったメディアでの単独インタビューにも応じる。

3つの顔を持つ総裁、どの立場で発言しているか

総裁の記者会見を聞く際に注意すべきことがある。通常、日銀総裁は3つの顔を持つ複雑な存在である点だ（図表4－2）。①9人（総裁、2人の副総裁、6人の審議委員）で構成する最高意思決定機関、政策委員会の議長、②政策委メンバーのひとり、③政策委が決めた事項を実施する執行部のトップ――という顔である。

図表4-2　どの立場で発言している？　日銀総裁が持つ「3つの顔」

立場	果たしている役割
①政策委員会の議長	政策委の議論をまとめ対外的に発信する
②政策委の1メンバー	個人として議論に貢献する
③執行部のトップ	政策委の決定を実施に移す執行部を率いる

（出所）筆者作成

基本的に総裁は①の立場で語り、政策委内の意見をバランスよく伝えた方がいい。ただ、②の立場で個人的な考えを前面に出したり、③の立場で執行部の意見を必要以上に反映した見解表明になったりする場合もある。

2000年のゼロ金利解除に至る過程で言えば、4月12日の記者会見で、記者に「ゼロ金利政策解除の条件は整いつつあるとお考えか」と問われた速水総裁が「おっしゃる通り」とストレートに答えたのは、個人的見解が反映されたものだった。

総裁の記者会見の際には、事務方が総裁らと相談したうえで事前に想定問答を用意し、通常はそれにもとづいて発言する。想定問答は政策委内の多数派意見を踏まえたバランスのとれた中身になっているのが普通なのだが、総裁がそれを踏み越えた言葉を発してしまう場合もあるのだ。

4月のこの速水氏の発言はのちに一定の修正を余儀なくされた。個人的見解を額面通りに受け取ると、一定期間、間違ったた金利観を持ってしまうことになりかねない。

なお植田和男総裁の記者会見での発言の特徴をひとつ挙げておこう。第3章で書いたように、言葉や表現を慎重に選んで、将来の政策の自由度を確保する傾向が強いことだ（同じことは国会答弁などにも当てはまる）。そのあたりは、単に記者会見を1回だけ聞いただけでは理解しにくい。会見の録音音声を繰り返し聞いたり、事後的に日銀が公表する記者会見の記録を熟読したりした方がいい。

他の政策委メンバーの意見も紹介する植田総裁

このように総裁の記者会見や講演を聞く際にはいろいろと注意点があるのだが、植田和男総裁の最初の金融政策決定会合後の記者会見（23年4月28日）で印象的だったのは、他の政策委メンバーの意見も紹介しつつ発言していた点だ。

例えば、今後の政策のカギを握る物価見通しについてこう語った。

「だいぶ前に見ていたよりは持続的・安定的な2％の物価達成の希望はそこそこ持てるような、見通せるようになっているという状態ではないが、ある程度可能性は出てきているということも、複数の委員がおっしゃっていたように思う」

政策委内の意見をバランスよく伝えようと努めている姿は望ましいものに見えた。

政策委内の意見をバランスよくつかもうと思うなら、副総裁や審議委員ら総裁以外の講演・記者会見もチェックした方がいい。

副総裁の情報発信もけっこう重要な意味を持っていたことは、00年のゼロ金利解除に至るプロセスで理解していただけたと思う。

審議委員も年2回程度のペースで地方での講演・記者会見をする。講演原稿は終了直後に日銀ホームページで公開されるし、記者会見の内容も翌営業日には文字起こしされてホームページ上で公開される。

総裁から重要な発言が飛び出す国会答弁

記者会見や講演と並んで注意を払うべき情報発信の場は、国会での答弁だ。日銀総裁は国会に呼ばれる回数が多く、しかも重要な発言が出るからだ。

00年8月のゼロ金利解除に至る過程でも、速水総裁（当時）が解除を市場に織り込ませるための「最後の勝負」に出た場が国会だったことは既に述べた。

植田総裁も、23年4月9日の就任以降の1ヶ月間に国会に出席した日数が5日あった。踏

図表4-3 日銀総裁が国会で答弁する日は多い
（年間の国会出席日数の推移）

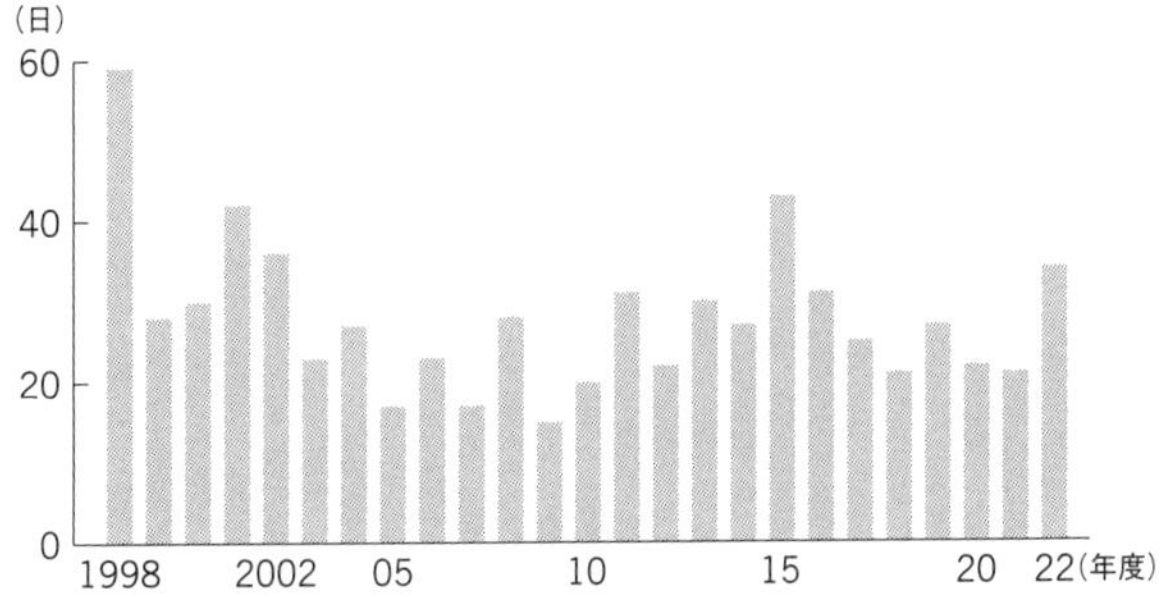

（出所）日銀

み込んだ発言も出た。

例えば、４月24日には長短金利操作政策の正常化の時期について、「半年先や1年先、１年半先の物価見通しが２％前後になり、見通しの確度が高まっていると認識できるときだ」と述べた。単なる物価見通しの数字だけでなく、その確度にも注意を払うというのは重要なポイントだろう。

恐らく世界の主要中央銀行で、日銀ほどトップが議会で説明する中銀はないだろう。

現行日銀法が施行された１９９８年４月以降の25年間、年間の国会出席日数（年度ベース）は平均すると28日だった。年間の営業日数を２４５日程度とすると、10日に1日を上回るペースだ。

ちなみに、最多は１９９８年度（速水総裁時代）の59日、２位が２０１５年度（黒田総裁時代）の43

日だ（図表4－3）。記者会見や講演よりも国会での発言機会の方が多かったのではないか。

日銀総裁らの国会出席が多いのには理由がある。日銀法で次のように定められているからだ。

「日本銀行の総裁若しくは政策委員会の議長又はそれらの指定する代理者は、日本銀行の業務及び財産の状況について各議院又はその委員会から説明のため出席することを求められたときは、当該各議院又は委員会に出席しなければならない」（第54条3）

国民の代表が集まる国会でしっかりと説明責任を果たすべきだという趣旨だろう。

国会での出席の場として最も多いのは、財政や金融にかかわる問題を扱う衆院の財務金融委員会や参院の財政金融委員会だが、予算委員会に出ることもある。

国会答弁は「ブラックアウトルール」の例外扱いにもなっている。

このルールは、金融政策決定会合開催が近づくと金融政策に関する対外的な発言を控える原則で、FRBも採用している。日銀の場合、決定会合の2営業日前からルール適用期間に入る。記者会見や講演はやらないし、報道機関の取材にも応じないのが原則だ。

ところが、国会での答弁はこのルールが必ずしも当てはまらないのだ。

植田総裁も、最初の決定会合（4月27～28日）前のブラックアウト期間中にさっそく国会に呼ばれ、答弁をしていた。

決定会合の当日に国会で答弁した副総裁も

極端なケースでは、決定会合開催の当日に日銀首脳が国会に出席したこともあった。例えば、量的金融緩和政策導入という日銀にとって大きな政策転換を決めた01年3月19日の決定会合の当日、藤原副総裁（当時）が国会に出席した。

しかも、「様々な選択肢の中から最も適切な金融政策を採用したい。十分討議し、誤りなきようにする」などと発言した。決定会合の日、追加金融緩和の決定を示唆したと受け止められたのは異例だ。

前述の通り、日銀法に国会での説明責任を求める趣旨の規定があるので、国会議員も日銀総裁を呼びやすいようだ。特に経済や市場環境が悪く、有権者の間で日銀への不満が強まっている局面で、総裁を厳しく問い詰めるのは政治的に意味のある行為になるのかもしれない。

ただ、次のようなケースもあったと聞いた。昼間、国会で総裁に対して厳しい質問をした某政治家が、夜になって電話で「本日は失礼いたしました」と謝ってきたというのだ。仮に事実とすれば、国会で日銀総裁にいろいろと質問するのは、政治家としてのパフォーマンスという意味を持っているようにも思える。

パフォーマンスだけではない政治家の質問

むろん、パフォーマンスだけではない。政治家のなかには金融政策に強い関心を持っている人もいて、鋭い質問も出る。総裁が重要な言葉を発する可能性も高まる。

国会での質疑は、総裁の「本音」を聞ける機会にもなりうる。国会に総裁を呼ぶ際に、事前に日銀の事務方に詳しい質問内容を知らせてこない政治家もいて、日銀側も十分に準備できないからだ。

ただ、一方で個人的見解を述べたり、失言をしてしまったりする可能性も高まる。

例えば、黒田前総裁はめったに「失言」をしない総裁だったが、数少ない事例とされた言葉が飛び出したのも国会だった。15年6月の「黒田ライン発言」だ。

「実質実効為替レートがさらに円安に振れていくことは普通に考えるとなかなかありそうにない」という発言が円安牽制と解釈され、円が大幅に買われてしまったのだ。

それまで日銀は、国内物価を押し上げる効果を持つ円安を本音では容認していると見られていた。それだけに、日銀がついに姿勢を転換したのかという解釈が広がり、為替相場へのインパクトも大きくなった。

もちろん、市場の解釈は黒田氏の真意ではなかった。同氏は、普通の円相場（名目相場）ではなく、野党議員が質問した実質実効レートに対する認識を示したに過ぎなかったからだ。

実質実効レートとは、内外の物価格差を考慮した円の実質的な価値のこと。様々な貿易相手国・地域に対する円相場を貿易額に応じて加重平均した名目実効相場を、海外との物価上昇率の違いにもとづいて実質化して算出する。例えば海外の物価上昇率が日本より高ければ日本人にとっては輸入品は割高になるので、実質的に円の実力が低下したと見なす。

15年6月当時、円の実質実効相場は1973年以来の歴史的な低水準になっていた。日本で長年、デフレが続いた結果として、円の実質的価値が下がったという話だ。

円買いを招いた「黒田ライン発言」

野党議員が発した質問は、この実質実効相場がさらに下がることはあるかという趣旨のものだった。それに対して、黒田氏は否定的な見解を示した。異次元緩和によって脱デフレ努力を続けていたのだから当然ともいえたが、市場には実質実効相場という専門的な概念をよく理解していない人もいて、単なる名目相場の話と解釈した。

黒田氏はその後、「名目ベースで円安にならないと言ったわけではない」と語り、国会で発した言葉が「円安牽制」と解釈されたのは本意でなかったとの説明をしたが、日銀内では「失言に近いものだった」との受け止め方もあった。

騒動の本質的な問題は、野党議員が持ち出した実質実効レートという議論の土俵に安易に乗ってしまい、真正面から説明してしまったことだった。

そもそも異次元緩和を批判する野党側にとって、実質実効レートは「便利な道具」という面があった。名目相場よりも円安が進んでいるので、「異次元緩和によって過度の円安が進み、様々な弊害がもたらされている」という議論を展開しやすくなるからだ。

それに「実質ベースでさらなる円下落の余地はなさそうだ」と真正面から説明してしまったのが、黒田氏の発言だった。日銀らしい真面目な対応ともいえるが、結果的に円安牽制発言と受け止められてしまい、市場を混乱させた。

発言が出たときのドル円相場の水準（1ドル＝125円程度）は、為替市場参加者の間で「黒田ライン」と呼ばれるようになり、しばらくの間、円の下限の壁として意識された。

「黒田ライン」を下回った円の実質実効相場

これには「後日談」がある。円の実質実効相場は、２０２２年になって15年６月の水準をさらに下回ってしまったのだ。

日本人が海外からモノを買う力（購買力）がかなり下がっている事実を意味する深刻な話だが、黒田氏が15年に示した「実質実効為替レート」がさらに円安に振れていくことは普通に考えるとなかなかありそうにない」という「相場観」が妥当でなかった点も示しているといえる。

日本経済に「普通に考えるとなかなかありそうにない」事態が起きているとしたら、重く受け止めた方がよさそうだ。

最後に付け加えておくと、他国と比べて議会に呼ばれる回数が多い日銀トップは、それだけ政治家の「圧力」にさらされやすい。だからそれに屈するという単純な話ではないだろうし、日銀法上、金融政策の「自主性」も認められている。ただし、政治的な要素が日銀の政策運営上、一定の意味を持つのは事実だ。

なお、国会での審議内容はインターネットで見られる。「衆議院インターネット審議中継」

や「参議院インターネット審議中継」で過去の分も含めてチェックできるので、活用したい。

決定会合の議事要旨では主語に注目

国会の答弁の話はここで終え、次に決定会合の議論内容を開示する議事要旨や「主な意見」について見ていこう。

まず、金融政策決定会合の議事要旨だ。決定会合での議論の流れを発言者の名前を伏せて開示する資料である。ある会合の議事要旨は、次の会合の後に日銀のホームページで公表される。公表日程もホームページで確認できる。

00年のゼロ金利解除に至る経緯について述べたとき、日銀が解除の可能性を示唆する情報発信を早い段階で行った場が議事要旨だった事実を紹介した。同年の年初の会合で、ゼロ金利解除を「本年の政策課題」と宣言する発言が出た事実が、2月下旬公表の議事要旨に記されたのだ。年内の政策変更の可能性に注意を促す「長距離砲」のシグナルだった。

このように、議事要旨は日銀の考えを理解するうえで貴重な資料になる。

議事要旨に記されている主な項目は、①金融経済情勢に関する執行部からの報告、②金融経済情勢に関する検討、③金融政策運営に関する検討、④政府からの出席者の発言、⑤採決

図表4-4　その意見は何人の委員が支持？
（日銀会合議事要旨は「主語」に注意）

使われている主語	目安となる人数
ある委員、1人の委員	1人
複数の委員	2人
何人かの委員	3～4人程度
多くの委員	5～6人程度
ほとんどの委員、大方の委員	7～8人程度

（出所）取材にもとづき筆者作成

の結果――の５つだ。

特に読んだ方がいいのは、②と③である。金融政策決定会合参加者が金融経済情勢をどのように分析し、それを踏まえて金融政策についていかなる考えを持っているかがわかるからだ。

読む場合は、表明された意見の内容と同時にその主語に注目してほしい。どのような主語が使われているかを見れば、ある主張が９人の金融政策決定会合メンバーのなかでどの程度の支持を集めているのかが一定程度わかるからだ。

というのも、会合で似たような意見が複数出た場合、議事要旨ではまとめて記され、例えば「何人かの委員はマイナス金利政策を解除するタイミングを探る必要性に触れた」といった記述をするからである。

議事要旨を作成するスタッフへの筆者の取材にもと

づくと、「1人の委員」とか「ある委員」という主語が使われているなら1人の意見であり、「複数の委員」は2人、「何人かの委員」は3～4人程度、「多くの委員」は5～6人程度、「ほとんどの委員」あるいは「大方の委員」は7～8人程度という意味だと解釈していいようだ（図表4－4）。

「多くの委員」や「ほとんどの委員」などは重み

決定会合のメンバーは9人で、過半数の支持を集めれば政策として採用されやすくなる。したがって「多くの委員」あるいは「ほとんどの委員」「大方の委員」の意見は重みを持つといえる。

また「委員は○○という認識を共有した」という記述になっているなら、全員の判断が一致していると考えていい。さらに「ある委員は以上の議論を○○と総括した」となっていたら、議論の結論的な内容を政策委員会の議長（普通は総裁が務める）が述べていると見た方がいい。

ただし、以上の説明には留意点もある。

まず、前述の00年1月17日会合での三木利夫氏の発言のように「1人の委員」の発言であっても、スペースを割いて紹介している場合は、そこに日銀としての何らかの意図が込められていると考えられる。重みを持ったものと受け止めた方がよさそうだ。実際に三木氏が年初に「本年の政策課題」としたゼロ金利解除は、8月に決まった。

また、会合の時間が限られているため、自分と同じ意見を他の委員が述べた場合には自ら述べるのを控えるケースもありうるとの指摘が、一部の審議委員から出ている。ある主張への支持の広がりを、主語によって完全に判断できるとは言い切れないわけだ。

ところで、議事要旨はどのようにしてつくられるのか。

作成を担当するのは、金融政策の企画・立案を担う企画局のスタッフである。

まずは草案をつくる。決定会合での議論を聞きながらとったメモをもとに書き上げ、細かい部分は会合でのやりとりの録音を聞いて確認するという（会合での議論はすべて録音されている）。

次にこの草案を9人の委員に見せる。修正の要請があれば普通は応じるが、直しを求めることができるのは自分の言葉を記した部分だけというのがルール。他人の発言についてあれこれ注文を付けることはできない。

このようにしてつくった最終版を次の決定会合で承認を受けたうえで公表するというの

が、日銀法の定めにもとづく流れだ。

意見の羅列に過ぎない?「主な意見」

もっとも、今では議事要旨とは別にもっと早く公表される「金融政策決定会合における主な意見」という文書も、決定会合の内容を開示する手段として使われるようになっている。

背景には、それまで年14回程度あった金融政策決定会合の開催回数が、16年から年8回に減ったことがある。米国やユーロ圏の主要中央銀行も「年8回」となっており、「グローバルスタンダード」に合わせる措置として減らした(必要があれば臨時会合も開ける)。

問題は、こうなると議事要旨の公表がかなり遅くなってしまう点だった。それまでは毎月のように決定会合を開いていたので、次回会合で承認を受けてからでも会合後5~6週間程度で公表できたが、年8回開催となると、議事要旨公表まで相当の時間がかかってしまう。

そこで、議事要旨とは別に新たな情報開示の手立てが導入された。それが「金融政策決定会合における主な意見」である。普通は「主な意見」と呼ばれ、原則会合の6営業日後に公表される。

この迅速さは高く評価できる。米国の金融政策を議論する米連邦公開市場委員会

（FOMC）の議事要旨公表は3週間後だから、かなり早い対応といえる。

ただ限界もある。単なる意見の羅列になっている印象があり、政策決定に至る議論の流れは読み取りにくいのだ。分量も5ページ程度であり、議事要旨と比べてはるかに少ない。

「主な意見」はどうやってつくられているのか。日銀によると、「①各政策委員および政府出席者が決定会合で表明した意見について、発言者自身で一定の文字数以内に要約し、議長である総裁に提出する。②議長はこれを自身の責任において項目ごとに編集する――というプロセスで作成したもの」だという。これだと、意見の羅列のようなものになってしまうのも無理はない。

日銀も「主な意見」は結論に至る議論の流れを詳細に紹介したものではないと認めており、理由として日銀法の規定を挙げる。「議事の概要を記載した書類」は会合で承認を得て公表すると定めているのだ。つまり、議論のプロセスを詳しく記した文書を次回会合よりも前に出すと法的な問題が生じる。従来、議事要旨の公表が次回会合後だったのもこのためだ。

「主な意見」と議事要旨の2段階の対応

このため日銀は、①会合で出た主な意見を記す「主な意見」を6営業日後に公表、②議論の流れも紹介する議事要旨を従来通り次回会合後に公表――という2段階の対応をとっている。私たちも両方を読み、日銀の意図を知るよう努める必要がある。

「主な意見」は意見の羅列のようなものにとどまっているとはいえ、似たような声が多く出ていれば政策がその方向に向かっていると解釈できる。そして、意見の詳細や議論の流れを議事要旨でさらに確認すればいいだろう。

日銀法を改正し、「主な意見」で議論の流れを開示できるようにすればいいという声も出そうだが、日銀は慎重だ。法改正を話し合うと、金融政策の政治からの独立性に影響する別の論点に議論が広がりかねないとの懸念があるようだ。

ただ「主な意見」の分量を決定内容の重要度に応じて柔軟に増やす対応は、法改正がなくてもできるのではないか。今後の課題だろう。

決定会合での議論のすべてを発言者の名前を含めて開示する資料もある。議事録だ。ただし、会合の10年後にならないと公表されないので日銀の出方を占う材料としては使いにくく、日銀も外部にシグナルを送る手段として議事録を使うことは普通ないだろう。

過去、重要な政策決定を下した際にどのような議論を交わしていたのかを読むと、それなりに興味深いのは事実だが、仮に議事録を熟読しても、決定に至るプロセスのすべてがわかるわけではない点は知っておく必要がある。会合で「ぶっつけ本番」の議論をしているわけではないからだ。会合が始まる以前に、政策委員会メンバーと執行部とで舞台裏の調整作業がなされており、その内容は議事録には記されていない。

日銀が市場との対話に使う手段となっている記者会見・講演、国会答弁、議事要旨や「主な意見」についての解説は以上である。

日銀の経済・物価情勢の現状判断や見通しにも注目を

それらと並んで注目してほしいのが、日銀の経済・物価情勢に関する現状判断や見通しである。

日銀が政策を決める際には、経済・物価情勢の現状や見通しに関する一定の判断を根拠とする。その内容は毎回の金融政策決定会合後に公表されるので、日銀の出方を占う際に読んでおく必要があるのだ。

00年8月のゼロ金利解除に至る過程でも、景気判断を前進させて市場にシグナルを送った。日銀は今後も経済・物価情勢の現状判断や見通しを変化させることで、将来の政策の方向性に関するヒントを与えようとするに違いない。

日銀の経済・物価情勢の判断などを盛り込んだ重要な文書が、四半期ごとに公表される「経済・物価情勢の展望（展望リポート）」だ。1月、4月、7月、10月の金融政策決定会合でまとめられ、展望リポート（基本的見解）として会合後に日銀のホームページ上で発表される。展望リポートのとりまとめがない3月、6月、9月、12月の決定会合の後にも、日銀の判断を盛り込んだ声明文が公表される。

日銀の判断には4つの要素が

展望リポート（基本的見解）などで示される日銀の判断は、「現状」「中心的な見通し」「リスク要因」「金融政策運営」の4つが柱だ（図表4－5）。

足元の景気全体や個人消費や設備投資といった個別の状況をどう見ているかが「現状」、それが先行きどう変化するかのメインシナリオを示すのが「中心的な見通し」、その見通しが上下に外れるとしたらどんな理由が考えられるかが「リスク要因」、以上の情勢判断を踏まえ

図表4-5 展望リポート（基本的見解）の記述の構成

要素	注目したいポイント
①現状	経済・物価情勢は現在どうなっている？
②中心的な見通し	今後の経済・物価情勢のメインシナリオは？
③リスク要因	メインシナリオが外れるなら何が要因に？
④金融政策運営	メインシナリオが外れる方向としては上下どちらの可能性が高い？　金融面の状況は？

（出所）筆者作成

て政策をどう運営するかの指針（フォワードガイダンス）などを盛り込んだものが「金融政策運営」である。

この4要素は、展望リポートが出る1月、4月、7月、10月は詳細に、そうでない3月、6月、9月、12月には簡潔に説明される。

4つの要素ごとに、注目した方がいいポイントを説明していこう。

まず「現状」では、毎回の景気の総括判断が重要だ。表現が前回と同じなのか、上向きに修正されたのか、下向きの修正なのかが関心を引く。

植田日銀として最初となった23年4月28日の金融政策決定会合でまとめた景気の総括判断は、「既往の資源高の影響などを受けつつも、持ち直している」という内容。前回3月10日の会合でまとめた総括判断は「資源高の影響などを受けつつも、新型コロナウイルス感染症抑制と経済活動の両立が進むもとで、持ち直している」だった。「持ち直している」という部分は同じであり、それほど大きな変化はなかったといえる。

次に「中心的な見通し」について説明する。一般的に金融政策の効果が出るには一定程度の時間がかかるとされているので、政策決定を左右するファクターとして「見通し」は重みを持つ。

「見通し」は、四半期ごとの展望リポートでは、文章によって説明されるだけでなく、具体的な数字も示される。実質国内総生産（GDP）成長率と消費者物価上昇率の予測値が出るだけに、注目度は高い。

ここで示されるのは、政策委員会メンバーの大勢見通しと中央値だ。前者は9人から聞き取った予測値から最大値と最小値を除いた値の幅、後者は9人の予測値の中央値（上から5番目となる真ん中の値）だ。金融政策決定会合の直後に公表される展望リポート（基本的見解）の最後から2番目のページに載っている。

「中心的な見通し」に対して「リスク要因」の説明も

23年4月28日の決定会合後に公表された植田日銀として初となる予測値については第3章

で触れた。

「中心的な見通し」に続いて「リスク要因」も必ず読んでほしい。日銀が示したメインシナリオが外れる場合、どんな要素が原因になりうるかを列挙している。

なお、日銀が使う「リスク」という言葉は不確実性という意味であり、「見通し」が下振れる場合だけでなく、上振れるケースも含む。

23年4月28日の展望リポートでは、経済のリスク要因として①海外の経済・物価情勢と国際金融資本市場の動向、②ウクライナ情勢の展開やそのもとでの資源・穀物価格の動向、③企業や家計の中長期的な成長期待――が挙がった。物価固有のリスク要因は、①企業の価格・賃金設定行動、②為替相場の変動や国際商品市況の動向、およびその輸入物価や国内価格への波及――だった。

物価のリスクの筆頭に挙がっているのが「企業の価格・賃金設定行動」。賃上げに注意を払っている様子がわかる。23年の春季労使交渉による高めの賃上げに持続性があるのかどうかは、今後の金融政策を左右するポイントだ。

「現状」「中心的な見通し」「リスク要因」を踏まえて、今後の政策運営の方針が示されるのが「金融政策運営」だ。ただ、ここに盛り込まれるフォワードガイダンスなどは決定会合後に出る声明文と基本的に同じであり、政策運営方針自体に新しい情報はあまりない。

注目すべきなのは、あらためてメインシナリオとリスク要因の分析がなされ、メインシナリオが外れる方向として上振れと下振れのどちらの可能性が高いかのリスクバランスが記される点だ。

25年度物価見通しの「下振れリスク」は変化するか

第3章でも述べた通り、23年4月28日にまとめた物価予測のリスク判断では、25年度物価見通しについて「下振れリスクの方が大きい」とされた。このリスク判断が変化すると、金融政策の方向性にも影響が出るので、注意を払いたい。

上下どちらの方向のリスクが大きいかは、展望リポート（基本的見解）の最終ページに掲載される「政策委員の経済・物価見通しとリスク評価」でもわかる。各委員が出した数字がグラフ化され、それぞれの予測値のリスクの方向も記号で示されているからだ。●が「リスクは概ね上下にバランスしている」、△が「上振れリスクが大きい」、▼は「下振れリスクが大きい」という意味だ。

「金融政策運営」には、金融面のリスク分析も盛り込まれる。米欧の金融不安に対する日銀の評価が注目されたなか、23年4月28日の展望リポートでは次のように記述された。
「わが国の金融システムは、全体として安定性を維持している。先行き、最近の米欧の一部金融機関を巡る問題の影響を含め、グローバルな金融環境のタイト化の影響などには注意が必要であるが、内外の実体経済や国際金融市場が調整する状況を想定しても、わが国の金融機関が充実した資本基盤を備えていることなどを踏まえると、全体として相応の頑健性を有している」

現時点で大きな問題になっていないという受け止め方だが、金融不安が日本でも広がれば、政策にも影響が及びうる点は頭に入れておきたい。

金融面のリスクに関しては、資産市場の過熱感（いわゆるバブル）に関する評価にも注意を払いたい。大規模な金融緩和が長引けば、株価、地価などにバブルが形成されやすいからだ。23年4月28日の展望リポートでは「引き続き資産市場や金融機関の与信活動には過熱感はみられていない」との判断が記された。

展望リポート（全文）の「ＢＯＸ」は必読

ちなみに、金融政策決定会合の翌営業日には、展望リポートの詳細版といえる「背景説明を含む全文」が公表される。このなかにある「ＢＯＸ」はその時々の日銀が注目するテーマを扱っているので必読だ。

23年5月1日に公表された「全文」の「ＢＯＸ」は、「賃金と物価の連関性：過去の経験と先行きの論点」といったテーマを扱っていた。

賃金と物価が相互に連関して上昇率を高めるメカニズムが働きにくくなっていた従来の日本の傾向に「変化の兆しがみられている」とした。日銀が賃金の動向について徐々に強気になっているというサインと受け止められる。

以上が日銀の景気判断だが、そのベースとなるのが各種の経済統計だ。したがって、統計も日銀の出方を予測するうえで重みを持つ。

統計は日銀自身が公表するものと、政府がまとめるものに大別できるが、ここでは日銀がまとめる統計を中心に解説していこう。最も代表的なのは日銀短観だ。

正式名称は全国企業短期経済観測調査で、全国の企業を対象に、景況感、予想物価上昇率、収益見通し、設備投資計画などを幅広く調べたもの。3月、6月、9月、12月と四半期ごとに実施し、その月か翌月に公表する。日銀ホームページの「統計」というところに行くと見ることができる。

聞き取り先の企業数は1万社前後とかなり多く、しかも調査開始後、1ヶ月余りで公表される。景気を左右するミクロの新鮮な重要情報が詰まっているわけだ。

調査の精度を上げるため、日銀も調査票の回収にかなりの努力を傾けており、必要があれば日銀の幹部が企業の首脳に協力を依頼するケースすらあると聞いた。それだけに、日銀が公表する統計のなかで最も注目される。

短観の代表的な指標は、日本の景気を左右する重要な存在といえる大企業・製造業の業況判断指数である。

足元と3ヶ月先の景況感について、「良い」「さほど良くない」「悪い」のうちからひとつ選んでもらって、「良い」の比率から「悪い」のそれを指し引いて、指数にしている。当然のことながら、この指数が上がっていれば大企業・製造業の景況感は改善していると受け止められるし、下がっていれば悪化していると判断できる。

企業の収益見通し、設備投資計画も関心を集める。前述の通り、00年4月発表の短観での設備投資計画の数値は、ゼロ金利解除に向けた流れを後押しする材料のひとつになった。

短観で重み増す「企業の物価見通し」

最近、重みを増しているのは「企業の物価見通し」だ。日銀が目指す2％の物価上昇率の持続的・安定的達成のためには、人々の物価観が上向きになることが欠かせない。長年のデフレあるいはディスインフレによって定着した「物価は上がらない」という心理が改まる必要があるのだ。

植田総裁も「物価の基調」を判断するうえで、人々のインフレ予想がどうなっているかを参考にすると語っている。

そうしたなか、経営者の物価観は賃金の動向も左右するだけに重みを持つ。経営者が物価は上がり、販売価格も上がるという判断に傾けば、賃上げも広がりやすいからだ。

短観の「企業の物価見通し」では、販売価格と物価全般の見通しに関して、1年後、3年後、5年後の数値を出している。金融政策面で重視されるのは3年後や5年後の中長期の物価予想だ（図表4－6）。

1年後といった短期の予想は変動が大きいが、3～5年後といった長めの予想がいったん上向けば持続する可能性が高いからだ。

図表4-6 高い賃上げの背景となった強気化する企業の物価観
（企業の物価全般の見通し、前年比）

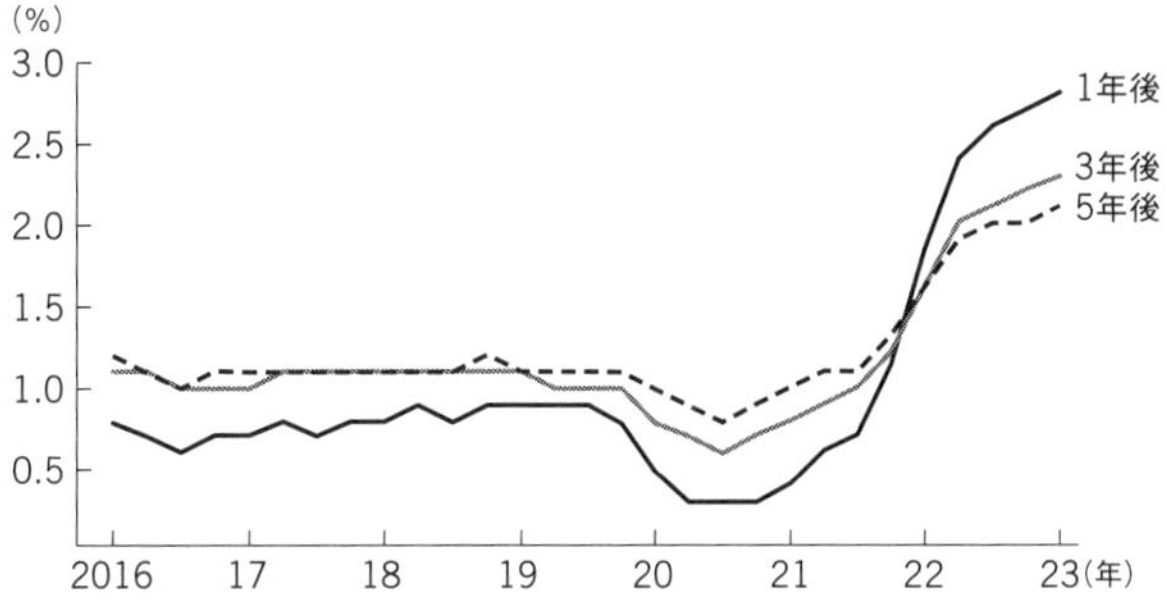

（出所）日銀短観（全規模合計・全産業）

実は、足元での経営者の物価観はグラフの通り、かなり強気化してきた。それが23年の春季労使交渉での高めの賃上げの背景となったと見られる。日銀はこうした動きが持続し、24年の春季労使交渉でも賃金上昇が続くかどうかを注視している。

なお、日銀は一般の個人の物価観も調べている。四半期ごとに実施する「生活意識に関するアンケート調査」に盛り込まれている「物価に対する実感」だ。「現在の物価」「1年後の物価」「5年後の物価」「物価上昇についての感想」といった項目について調査結果をまとめている。個人の予想物価上昇率は経営者などと比べると高めに出る傾向がある点に留意は必要だが、参考になるデータだ。

「生活意識に関するアンケート調査」は、日銀ホームページの「調査・研究」というところで見られる。

注目すべき基調的インフレ率捕捉の指標

短観や「生活意識に関するアンケート調査」と比べると一般的な注目度はかなり低いが、日銀が公表する統計で重視すべきものがある。毎月出てくる「基調的なインフレ率を捕捉するための指標」だ。どういうものかを解説する前に、まず消費者物価統計について説明しておこう。

金融政策にとって消費者物価は極めて重要な統計だ。2％の物価目標の持続的・安定的な達成を目指して政策を運営している以上、当然だろう。消費者物価上昇率の統計自体は、総務省が毎月まとめており、必ずチェックしておく必要がある。

日銀は消費者物価のうち天候要因による振れが大きい生鮮食品を除いた数値が参考になると考えており、展望リポートでの予測も主に生鮮食品を除くベース（コアと呼ぶ）の伸び率で出している。

だが、生鮮食品を除いただけでは、短期的な変動の影響による「ゆがみ」を完全には排除できない。

例えばコアの伸び率は、22年春以降、急拡大し、一時4％台となった。日銀が目標とする

2％を大きく上回る水準になったわけだが、これはロシアによるウクライナ侵攻を背景としたエネルギー・原材料価格の高騰が主因。いわゆるコストプッシュ型の物価上昇であり、経済の力強い回復に引っ張られたディマンドプル型のそれではないのだ。したがって、いつまでも2％を大きく上回るような高い伸びが続くとは考えられないと日銀は見る。

このため、日銀はエネルギー価格などを除いた指標も参考にして、短期的な変動をならした「基調的な物価動向」をつかもうとしているが、それでも十分ではないと見ている。そこで作成しているのが「基調的なインフレ率を捕捉するための指標」なのだ。総務省が出した消費者物価の統計に加工を加えて、物価の基調的な動きをとらえようとしている。

特に有用な加重中央値と最頻値

公表されているのは4つのデータだ。

第1に刈込平均値。消費者物価統計のうち、価格上昇率の上位品目と下位品目をウエートベースで10％除いた場合の平均値だ。

第2が加重中央値である。価格上昇率の高い順に品目を並べたとき、ウエートベースで上から50％近辺に位置する値だ。刈込平均を計算する際、上位と下位の10％ではなく上位と下位の50％近くを除いたときに出る値というのが、直感的なイメージである。

第3は最頻値だ。価格変動を品目別に見た分布で最も多い価格変化率だ。

第4が上昇・下落品目比率と呼ばれる数値。前年比で価格が上がった品目と下がった品目の割合を示す。

このうち特に「基調的インフレ率を判断する際に有用」（日銀で調査統計局長や金融政策担当の理事などを歴任した、ちばぎん総合研究所社長の前田栄治氏）とされるのが、加重中央値と最頻値だ（図表4－7）。両者とも過去20年はゼロ％前後で推移。日本人の強いディスインフレ心理あるいはデフレ心理の象徴と見られてきたが、最近では加重中央値は1％前後、最頻値は2％台後半での推移となってきた。

こうした「基調的インフレ率」がさらに上がるなら、金融政策にも変化が生まれそうだ。注視したい。

なお「基調的なインフレ率を捕捉するための指標」を見るには、日銀ホームページの「調査・研究」に入り、さらに「分析データ」というところに行けばいい。

ここまでは日銀公表の経済統計を中心に見てきたが、厚生労働省が発表する毎月勤労統計調査や連合などが集計する毎年の春季労使交渉の結果といった賃金に関するデータにも、必

図表4-7 強まってきている「物価の基調」
（消費者物価上昇率の基調を示す数値）

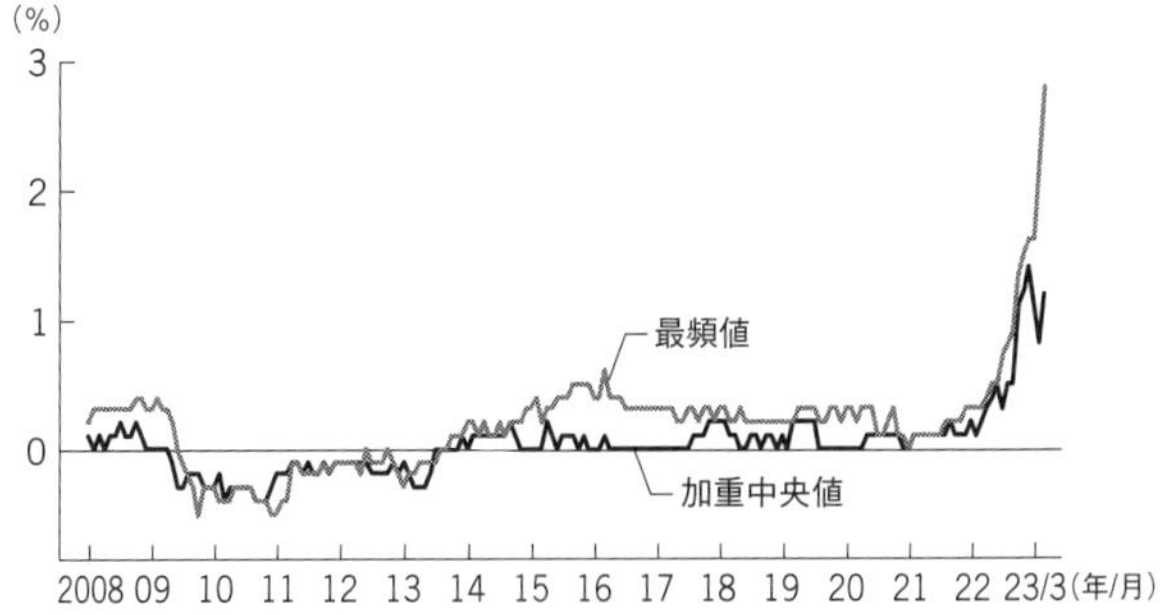

（出所）日銀

ず目を通しておきたい。植田日銀は金融政策を運営するうえで賃金の動向を極めて重視しているからだ。序章で述べた通り、「賃金の上昇を伴う形での２％物価目標の持続的・安定的実現」を目指している。毎月勤労統計調査では名目賃金指数、あるいは物価変動の影響を考慮した実質賃金指数の伸び率などが重要だ。

さて、日銀が政策の方向性を示唆する手段としているものとして、最後にメディアを通じた情報発信にも簡単に触れておきたい。

00年８月のゼロ金利解除に至る過程で、日銀副総裁が日本の雑誌へ寄稿した例などがあった事実は、既に述べた通りだ。新聞やテレビも重要な動きを報じ、ゼロ金利解除が決まった当日の朝には、各紙の報道により解除が既成事実化していたことも指摘した。

今後、日銀が短期政策金利の引き上げをしようと思うなら、メディアのインタビューや取材にも積極的に応じるだろう。その結果として報道される記事は、日銀の考え方を理解するうえで参考になる内容を含むと考えられる。目を通してほしい。

以上、日銀の出方を占う際に参考にすべき要素について解説してきた。読者の皆さんも日銀ウオッチャーになったつもりで、政策の方向性に関する見通しを立ててほしい。住宅ローンの借り手なら、意味を持つことだろう。

なぜ中央銀行はもってまわった言い方をするか

ところで、ここまでの解説を読んだ読者は次のような素朴な疑問を抱くのではないか。将来の政策の方向性をわかっているなら、日銀はなぜもっとストレートに教えてくれないのか。必ずしもわかりやすいとはいえない情報発信をするのはなぜか――。

実は、もってまわった言い方をするのは日銀だけではない。世界の中央銀行に当てはまる。だからこそ、多くの国で、中銀の情報発信内容を分析し、その意味を解説するセントラルバンク・ウオッチャーがひとつの職業として成り立っているともいえる（筆者もそのひとりだが)。

セントラルバンカーの発言はなぜ理解が容易でないのか。わざと真意をつかみにくい言葉を発して人々の関心を集め、存在感を高めようとしている？　その可能性もゼロではないが、もっと大きな理由がある。重要なのは、中銀の情報発信のわかりにくさは、先行きの経済・物価情勢が不透明なことの反映であるという点だ。

通常、中銀は高い権威を持った存在である。物価の番人として信頼されているからだ。このため、中銀は一般の人々が得られないような情報を持っており、経済・物価情勢に関する先見力もはるかにすぐれていると思ってしまいがちだ。しかし、セントラルバンカーの能力を買いかぶるのは適切ではない。

中銀の経済予測能力は民間エコノミストと同程度？

日銀で金融政策の企画・立案に長くかかわった稲葉延雄氏（元日銀理事で現ＮＨＫ会長）は、「中銀の経済予測能力は、良く言って民間エコノミストと同程度であり、それを大きく上回ることはない」と語った（14年7月に開いた野村総合研究所・金融市場パネル）。

政策の次の一手について市場参加者の予想を安定させるのは、相場の混乱を防ぐうえで重要だ。したがって、セントラルバンカーは適切な範囲内で、できるだけヒントを与えようと努めるはずである。

しかし、政策決定を左右する経済・物価情勢は中銀にとっても不確実性が高く、先行きの見通しについて、あまり確定的な判断は示しにくいのも事実だ。あとで間違っていたことがわかれば、当局としての信認も傷つくからだ。

稲葉氏は次のように語っていた。「金融政策に関して将来のことをうまくコミュニケーションできない根本的な理由は、中銀の経済予測能力に限界があるということに尽きる」

もうひとつ、速水総裁時代の副総裁だった山口泰氏の言葉も紹介しよう。

「中央銀行とは前方の曇った窓ガラスとリア・ミラーと、さらには不正確な速度計を見ながら曲がりくねった道路を走る自動車の運転手のようなものであるという比喩があったと記憶している。この比喩は中央銀行が直面する金融政策運営の難しさの本質のある部分をよく表している。経済の先行きは『曇った窓ガラス』に、不完全な経済データは『リア・ミラー』や『不正確な速度計』に対応する。そして、経済の直面する様々なリスクは『曲がりくねった道路』に相当する」（00年8月の講演）

今後も経済や物価の先行きが不透明な状況は続くだろう。とすれば中銀の情報発信も曖昧さを残すものであり続けそうだ。植田日銀の出方を占う際にも、そういう現実を理解しておく必要がある。

植田氏の学者時代の発言は日銀の出方のヒントになるか

本章の最後に、植田和男氏が初の経済学者出身の総裁であることに関連する重要な論点について触れておこう。それは、過去植田氏が学者として著書や論文で書いたり、講演で述べたりしてきた内容をどうとらえるかという点である。

第1章で述べた通り、植田氏は日本を代表する経済学者であり、かつ日銀の審議委員も務め金融政策に精通している。今の日銀の金融政策に関して、書いたり話したりしてきたことも多い。市場参加者はそれらの内容を踏まえ、日銀の出方を占おうとするはずである。

植田氏が書いたり話したりしてきた内容は重みを持ち、多くの貴重な知見を含む。筆者も長年、同氏の情報発信を丁寧にフォローしてきたし、数多くのインタビューもしてきた。植田氏が、経済学者出身のセントラルバンカーとして理論を重視する姿勢をとり続けることにも大きな意義がある。そうした点を強調したうえであえて言えば、学者時代の同氏の言動にとらわれすぎると、日銀の出方を読み誤ることもあるかもしれない。

というのも、学者としての情報発信と政策当局者としての情報発信は異なるからである。

記者会見で植田総裁にズバリ聞いてみた

これは極めて重要なポイントなので、23年4月10日の総裁就任記者会見で、あえてズバリ聞いてみた。このやりとりを、ある日銀OBは「極めて興味深かった」と言っていた。民間の株式ストラテジストからは「私が最も聞きたいことを聞いてくれた」という電子メールが来た。そこで内容を紹介する。

筆者の質問はこんな内容だった。

「植田総裁にお聞きしたいが、植田総裁は、日本を代表する経済学者として、これまでも数々の論文等を、あるいは著作等をお書きになってきた。しかもそれは、現在の日銀の金融政策とも関連する内容を含むがゆえに、市場参加者は、そこから今後の日銀の出方を占おうとしているが、一方で、学者としての判断、学者としての情報発信と、政策当局者としての判断・情報発信は、おのずと違いがあるという点も理解できるところだ」

「(中略) 植田総裁は、過去のそうした論文や著作物で書かれたものをどのように位置づけられているのか、市場参加者はそういったものをどのようにとらえ、理解すればいいのか、その点についてのご見解をお聞かせいただきたい」

　これに対する植田総裁の答えは以下の通りだった。

「私が書いたものをどういうふうに使っていただけたらいいのかというご質問の部分は難しいが、学者が書くものと政策担当者の判断ということの違いについては、お話しできるかなと思う。仮に同じ人がやるとしても、学者の場合は、やはり学者として面白いこと、学者として正しいことを書かないといけないということなので、どうしても起こっていることの一部分に焦点を当てて、その部分についてよく考えてみたらこういう結論になるという展開になりがちかなと思う」

「これに対して、政策担当者としては、現在起こっていることの、あるいは何か政策を変えようとか考える場合には、関係するすべてのことを、大事なことはすべて考えないといけない。それを考慮してまとめると、結論は、金利を上げるのか下げるのかわからない、というようなケースも、論理的には非常に多いということだと思う」

「だから、学者としてこういう場合には金利を上げるっていう論文を書いていたとしても、同じ人が似たような状況で政策判断を迫られたときに、学者として前提条件に入っていなかったようなことも考えつつ判断を下さないといけないということだから、結論はまったく違った方向になるという可能性もあるし、上げるのがいいのか、下げるのがいいのか、完全にはわからないなかで、時間に迫られて決断しないといけない、ということも多々あるかと思う」

「そのうえで、学者との違いは、出した結論・決断に対して責任を取るというところが違うのだと思うが、そのようなことが両者の違いであるかなというふうに考えている」

「（政策担当者は）学者として前提条件に入っていなかったようなことも考えつつ判断を下さないといけないということだから、結論はまったく違った方向になるという可能性もあるし、（金利を）上げるのがいいのか、下げるのがいいのか、完全にはわからないなかで、時間に迫られて決断しないといけない、ということも多々あるかと思う」という部分がポイントである。

「ベスト」を追う学者、「ベター」や「レスワース」も決めざるを得ない当局者

学者は「ベスト（最良）」の方策を時間をかけて探すだろうが、政策当局者は様々な制約のなかで「ベター」あるいは「レスワース」、つまり「より良い」あるいは「よりましな」選択肢を採用せざるを得ないこともあるだろう。過去に日銀の金融政策について植田氏が書いた

り話したりした内容通りに日銀が動くとは限らない。

また、経済・物価情勢も、市場環境も、政治・政局動向も、いずれも「生き物」であり、日々変わりうる。学者といえども状況判断が変わって不思議はない。

例えば、23年2月、植田氏の総裁起用の報道が流れた直後、こんな見方が市場で出た。注目を集める長期金利操作の見直しについて、植田氏は部分的な修正ではなく一気に撤廃してしまう方策を考えるというのだ。その根拠は、22年7月6日付の日本経済新聞・経済教室面への寄稿で同氏が次のように書いたことだった。

「難しいのは、長期金利コントロールは微調整に向かない仕組みだという点である。金利上限を小幅に引き上げれば、次の引き上げが予想されて一段と大量の国債売りを招く可能性がある。10年物金利コントロールを7年、5年と短期方向へ動かしていく案も同様の問題を抱えている。日銀は出口に向けた戦略を立てておく必要がある。これまで1950年代に米連邦準備理事会（FRB）、21年にオーストラリア中銀が中長期金利コントロールから抜け出した例があるが、いずれも一回限りの調整で済ませている」

だが、23年2月下旬に国会で総裁候補としての意見聴取や質疑をした際には、こう述べた。「コントロールの対象（となる国債利回り）を10年よりもっと短いところにすべきというやり方は将来のひとつのオプションになるが、他にも様々なものがある。ひとつひとつのオプションの功罪について詳しく具体的に触れることは差し控えたい」

部分的な調整の可能性も否定していないのだ。

22年7月時点での学者としての判断は先ほど引用した文章の通りだったのだろう。しかし、実は21年春の筆者のインタビューには次のように答えていた。

「本来誘導対象は10年より短い金利にして、10年債利回りは自由に変動させるのが日銀の考え方には合うのではないか。日銀は金利について、短中期が景気への影響が大きいとする一方、10年超の金利は下がりすぎると景気にマイナスと分析しているからだ。仮にそうなら、例えば将来、米金利がもう少し上がり日本の5年債利回りもつられて多少はプラスに浮上したときに誘導対象を10年から5年に変え、その誘導水準をゼロ％程度とするやり方もありうる。5年について多少は利下げという印象を与えつつ、10年を自由に動くようにできる」（21年4月1日付日本経済新聞）

経済も市場も政策も変化する「生き物」

繰り返すが、経済や市場は生き物であり、それに対応する政策も生き物である。学者としての見解も変わりうる。ましてや政策当局者であれば、「ベスト」「ベター」「レスワース」など幅広い選択肢を確保しておくのは当然だ。

過去書いたり話したりした内容に、植田氏の発想のヒントが隠されている可能性はもちろんある。とはいえ、日々の経済・物価情勢、市場環境、政治・政局動向の変化を注視しつつ、その時々の総裁としての植田氏の発言を細かく追っていくことの方がより重要だと筆者は考える。

本書もそうしたスタンスで執筆している。

ちなみに、学者と政策当局者の違いという論点に関連して、元日銀総裁の白川方明氏も興味深いことを話していたので紹介したい。

白川氏は08年春、総裁が空席になる混乱のなか、副総裁の立場で総裁代行を務めていたが、そのころの記者会見で次のように語ったことがあるのだ（本というのは同氏が京都大学大学院教授の立場で08年春に日本経済新聞出版社から出した『現代の金融政策：理論と実際』を指す）。

学者や教師と、中銀で政策決定に責任を持つ立場は違う

「学者、教師という立場と、中央銀行で政策決定に責任を持つという立場は、おのずと違ってくると思う。学者の真骨頂は、常に新しい見方を提示し、結果としてその見方が間違っているとしても常に新しい環境の変化のもとで考え方を提示していく、ということであると思う」

「一方、政策当局者は、すべて理論が解決して初めて政策を打てるわけではない。様々な理論を踏まえ、そのときそのときに判断していくということだ。したがって、自分自身としては、本に書いたことは、そのときの私の教師、研究者としての率直な気持ちを書いたつもりであるが、そのときに書いたことに固執して自分の経済を見る目、あるいは政策を見る目が曇ってはいけないと自戒している」

ちなみに、白川氏は13年3月の総裁退任記者会見でも、こんなふうに語った。「京大時代に執筆した本は、総裁就任後、本棚には置いているが、実は一度も開いたことがない。したがって、何を書いて何を書いていないのかも、今は覚えていないというのが正直なところだ」

白川総裁時代、同氏の考え方を理解し、政策の出方を占うために何度も同書を読んだ筆者

はかなり拍子抜けした。同時に、政策当局者が学者時代に書いた著作物をどう受け止めればいいのかについて、よく理解できたように思った。

学者として書いたことや話したことには、それとしての大きな価値がある。その点は強調しておくが、政策当局者としては異なった判断を下す場合がありうる。植田氏も同様だろう。

第 5 章

植田日銀で
どうなる住宅ローン

人気の変動型ローン金利は上がるのか？

金利に人々が注目するのは、住宅ローンが人生最大の借金だからだ
（提供：アマナイメージズ）

「植田和男総裁率いる日銀のもとで金融政策の修正や正常化が進んだ場合、住宅ローンの金利はどうなるのか」――。

多くの人が気にしている点だろう。

筆者は経済ジャーナリストであると同時にファイナンシャルプランナー、CFPでもあり、これまで住宅ローンについても原稿を書いたり、講演で触れたりしてきた。その際に、このテーマに対する読者や講演参加者の関心が急速に強まっていることを実感してきた。

多くの人にとって、自宅は人生最大の買い物であり、住宅ローンは人生最大の借金だろう。植田日銀のもとでその金利が上がるかもしれないならば、注意を払いたくなるのも自然だ。特に低金利下で人気を集めてきた変動金利型住宅ローンの金利がどうなるのかに大きな注目が集まる。

そこで本章では、住宅ローン金利の行方について考えてみたい。

住宅ローンには大別すると、固定金利型（借りたときの金利が変わらないタイプ）と変動金利型（半年ごとに金利の変更がありうるタイプ）の2つがある。

さらに、固定金利型は、当初一定期間の金利が変わらない固定金利選択型（当初10年が固定になる商品が代表的）と、すべての期間の金利が固定される全期間固定型に分けられる。

固定型ローン金利には既に上昇の動き

そして、固定型ローン金利は長期金利に左右され、変動型ローン金利の動きは日銀の短期の政策金利に影響されるというのが基本的な図式である。

実は固定金利型住宅ローンの金利には、既に上昇の動きが見られる。２０２２年12月に日銀が長期金利（10年物国債利回り）の容認上限を０・２５％程度から０・５％程度へと引き上げたのを受け、長期金利も上がったからだ。

例えばみずほ銀行では、22年11月に３・３０％だった固定金利選択型（10年）の金利（優遇前の基準金利）が23年１月には３・５０％に上昇した。もっとも、その後の米欧の金融不安を受けて長期金利が低下すると、ローン金利も６月には３・３０％に下がっている。

植田日銀が長期金利操作をさらに修正し、長期金利も上がれば、固定型の住宅ローン金利は再び上がっていくだろう。

ただし、現時点で多くの読者にとっての大きな関心事項は、変動型のローン金利がどう動くかだろう。長年の低金利のもと、いまや新たに住宅ローンを借りる人の大半が変動型を使っているからだ。

筆者が23年春に、メガバンクやネット銀行に取材したところでは、新規に借りる顧客の85~90%程度（金額ベース）は変動型を使っているという話だった。

それだけに、今後変動型ローンの金利がどうなるかは、重みを持つ話だ。実は日銀自身もそれを気にしている。金融政策の修正や正常化の結果として変動型ローン金利が上がっていけば、多くの生活者の懐に影響を及ぼし、政治的な意味も持ちうるからだ。

変動型住宅ローン金利を左右する短期の政策金利。それが今後どう動きそうかというシナリオ分析については、第3章で述べた。

では、仮に利上げがあったとき、ローン金利にどんなメカニズムで何が起きるのか。その頭の体操をしておこう。

変動型ローン金利に影響する短期政策金利上げは2段階で

短期政策金利の引き上げでは2段階の解除が実施される。まずマイナス金利政策が解除され、その後ゼロ金利政策をやめる流れになる。両方を同時に実施する可能性もゼロではないが、分けると見る方が普通だろう。

その過程で変動型ローン金利にどんな影響が出るのだろうか。

図表5-1　変動型住宅ローン金利の決まり方

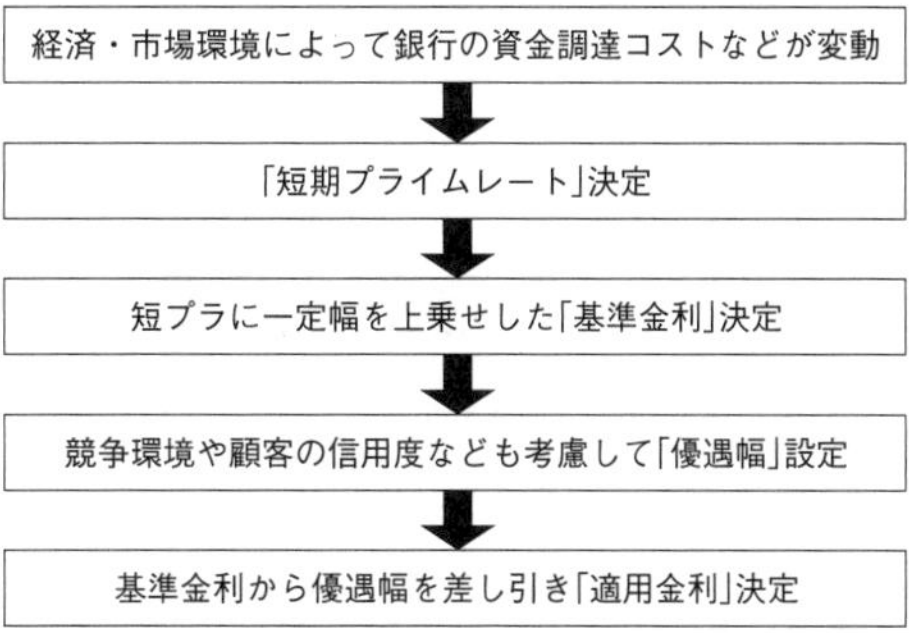
経済・市場環境によって銀行の資金調達コストなどが変動
「短期プライムレート」決定
短プラに一定幅を上乗せした「基準金利」決定
競争環境や顧客の信用度なども考慮して「優遇幅」設定
基準金利から優遇幅を差し引き「適用金利」決定

（注）ネット銀行などでは異なる仕組みの場合もありうる
（出所）筆者作成

まず基本的な事項の確認だ（図表５－１）。

住宅ローンには普通、基準金利（店頭金利などという言葉も使われる）が定められている。変動金利型ローンの基準金利は、銀行が優良企業向けの短期貸し出しに適用する短期プライムレート（短プラ）に一定幅を上乗せした水準であるのが一般的だ（一部のネット銀行の基準金利は短プラ連動ではなく、スワップ金利などを参考に決められている）。

例えばみずほ銀行（ネット手続き）では、23年６月時点の短プラが１・475％で、変動金利型ローンの基準金利は１％を上乗せした２・475％だった。

基準金利は年に２度（４月と10月）、そのときの短プラをもとに見直す仕組みだ。短プラが変わっていれば基準金利も同じ幅だけ変わるし、変わっていなければ基準金利にも変更はない。

もっとも、今は基準金利でローンを貸すケースは一般的ではない。住宅ローンをめぐる銀行どうしの競争が激しくなっており、「値引き」せざるを得なくなっているからだ。基準金利から一定の優遇幅を差し引いた金利（適用金利）で貸すのが普通だ。

優遇幅は、他行との競争や顧客の信用度などを考慮して設ける。みずほ銀行（ネット手続き）では、前述の通り、23年6月時点の変動金利型ローンの基準金利は2・475％で、優遇幅（最大のケース）を差し引いた適用金利は0・375％になっていた。

優遇幅は当初借りたときの水準がその後も維持されるのが原則。当初の契約に反する延滞などがなければ、優遇幅を変更することはないという。したがって、既に借りている人は基準金利が動かない限り影響を受けにくい仕組みだ。

マイナス金利解除時は新たに借りる人に影響も

では、短期政策金利の引き上げが決まった場合、住宅ローンの変動金利に何が起きるのか。

図表5-2 基準金利は横ばいで推移、適用金利は低下
（マイナス金利政策下の住宅ローン変動金利）

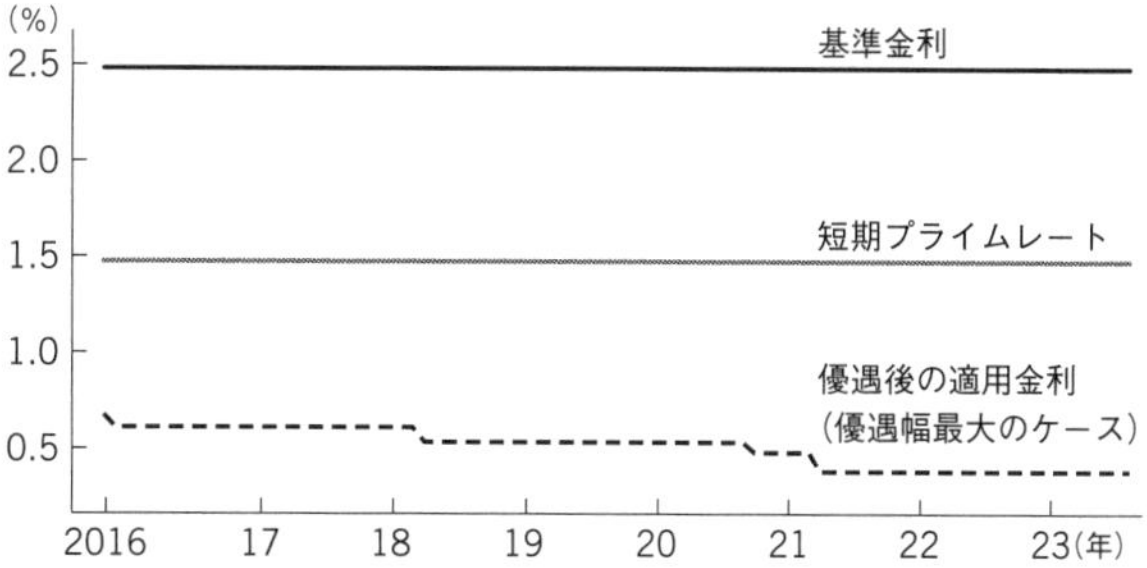

（注）みずほ銀行のネットで手続きした場合（ローン取扱手数料型、23年6月まで）
（出所）各種資料より筆者作成

まずマイナス金利政策の解除時にはどうなるか。

既に借りている人の適用金利に大きな変化は起きそうにない。今のところ、多くの銀行で基準金利は変わらない可能性が高いからだ。

背景には、16年2月のマイナス金利政策導入時に短プラも基準金利も下げない銀行が多かったという事情がある（図表5－2）。一般的にはマイナス金利政策が解除されても基準金利は上がらないとの読みが成り立つのだ（基準金利が短プラ連動になっていない一部のネット銀行では状況が異なりうる）。

次に、新たに借りる人の適用金利はどうか。こちらも競争環境が厳しいため簡単には上がらないとの見方が根強い。ただ、一部で優遇幅を縮小し

適用金利を上げる銀行もあるかもしれない。

というのも、マイナス金利政策のもと、優遇幅の拡大により、適用金利がかなり下がってきたケースもあるからだ。マイナス金利解除でそれが「逆回転」するシナリオはありうる。

実際、筆者の取材に対して、複数の金融機関の担当者はこう話していた。

「マイナス金利の幕引きという『イベント』を機に優遇幅を縮小し、適用金利を上げたいと考える銀行は出てきそうだ。競争環境を考慮すると、簡単ではないだろうが」

適用金利を上げる銀行がひとつでも出てくると、追随する金融機関も現れるかもしれない。

ゼロ金利解除なら既に借りている人の金利も上昇

ではゼロ金利政策解除時はどうなるか。

既に借りている人の適用金利も含めて上がる可能性に注意が必要になる。すぐに連動するか、一定の時間がたってからになるかはともかく、基準金利も上昇しそうだからだ。

過去を振り返っても、多くの銀行で日銀が1999年2月にゼロ金利政策を導入した後に基準金利が下がり、2000年8月にその解除を受けて金利は上がった。01年3月の量的金融緩和（事実上のゼロ金利）導入後も基準金利が下がり、06年7月のゼロ金利の解除を受け

図表5-3 過去のゼロ金利解除時の変動型ローン金利

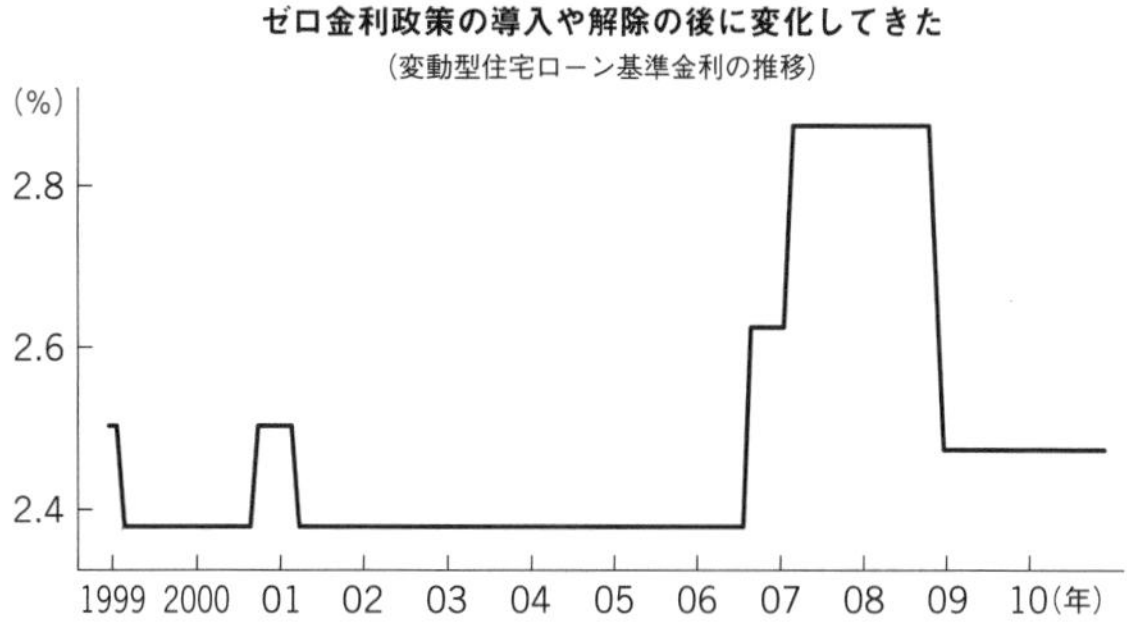

(出所) 住宅金融支援機構、主要都市銀行の金利中央値

て金利は上がった。基準金利はゼロ金利の導入・解除と連動しやすい（図表5－3）。

以上の話を踏まえて、留意すべき事項をまとめると次の通りである（図表5－4）。

まず、今後借り入れようと考えている人は、マイナス金利解除の有無に一応関心を持っておきたい。基準金利は変わらなくても、優遇幅を縮小し適用金利を上げる銀行も出てくるかもしれないからだ。

今は多くの銀行は基準金利が同じだから、金利だけを考えれば、優遇幅が大きく適用金利が低い銀行を選ぶ方が得である。

一方、既に借りている人も含め多くの人が注意を払うべきなのは、主にゼロ金利の解除だ。基準金利自体が上がっても不思議はないためだ。

図表5-4　変動金利型住宅ローンの適用金利は？

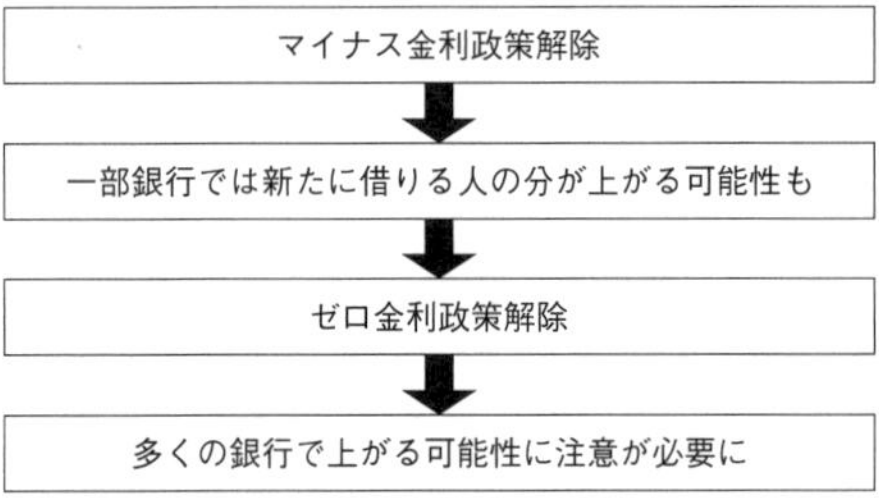
マイナス金利政策解除
一部銀行では新たに借りる人の分が上がる可能性も
ゼロ金利政策解除
多くの銀行で上がる可能性に注意が必要に

（出所）筆者作成

つまり、マイナス金利の解除よりゼロ金利の解除の方がはるかに大きな影響が出る。

ここまで読んで多くの読者が抱く疑問は、マイナス金利やゼロ金利解除は本当にあるのか、あるとしたらいつなのか、ということだろう。

短期政策金利、90年のような大幅な上昇は起きにくい

その点について、現時点で考えられるシナリオは第3章で述べた通りだが、ひとつ留意しておきたいのは、仮に短期政策金利の引き上げが始まったとしても、大幅に上がっていく展開は今のところ見込みにくいことだ。

そう言うと、次のような声も出てきそうだ。「経済には何が起きるかわからない。かつては変動型ローン金利が今よりはるかに高かった時期もあった。安心できないのではないか」

住宅ローンは長期間借りる商品だから、不安を持つ理由はよく理解できる。実際、今から30年以上前の１９９０年、日銀が政策金利（当時は公定歩合）を６％まで上げ、変動型住宅ローンの基準金利も８％程度に上がったことがあった。これは歴史的な事実である。

ただし、そのころと今（あるいは今後）を同列に扱えるかという論点もある。

日本経済の実力を反映する尺度である潜在成長率（日銀推計値）は、90年には４％程度もあった。では、今の日本の潜在成長率はどのくらいなのか。実はゼロ％台前半に下がっているというのが日銀の推計であることは、第２章でも紹介した通りだ。

日本の実力低下で金利は大きく上がりにくく

４％程度からゼロ％台前半へ――。30年以上前と比べて、日本経済の実力はかなり落ちてしまっているのだ（図表５－５）。

理由はいろいろあるが、大きな要因のひとつは少子高齢化による人口動態の変化だろう。要するに働き手が減った。供給力が細り、経済が元気を失うのも理解できる。

総務省の人口推計というデータ（２０２２年10月１日時点）によると、労働を担う生産年齢人口（15～64歳）は29万６０００人減の７４２０万８０００人。12年連続のマイナスだ。

図表5-5　低いローン金利は日本経済の実力低下を反映？

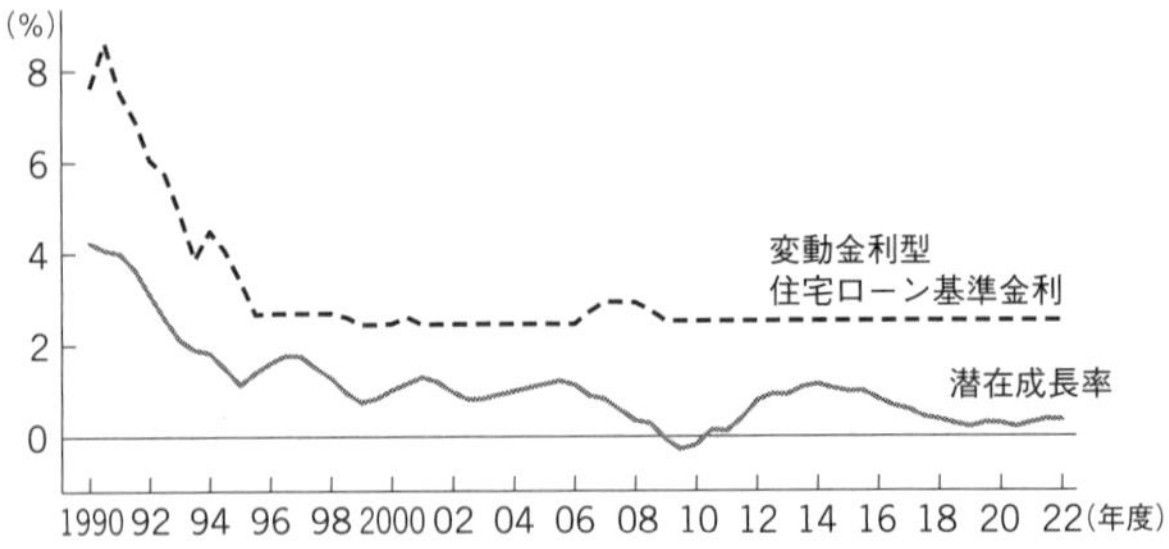

（注）主要都市銀行の中央値、毎年6月末と12月末
（出所）潜在成長率は日銀推計値、ローン基準金利は住宅金融支援機構調べ

総人口に占める比率は6割弱と「低空飛行」を続けている。

もちろん、働き手の数が減っても、1人がより多くの成果を生み出すようになるなど生産性が上がれば、経済の実力低下に歯止めがかかることはありうる。その方向に行くよう期待したいが、先ほど紹介した潜在成長率の低い水準を見る限り、そうはなっていないようだ。

となると、日本経済の実力の低迷を反映して、金利もそう高い水準には上がりにくいというのが、今のところ想定しうる中心的なシナリオだろう。

もちろん、日本経済の実力と短期金利が完全に同じ動きをするとは限らない。日本経済の弱さゆえに短期金利が上がってしまう事態もひとつのシナリオとしては考えられる。

図表5-6　現預金は本格的に外貨に向かうか
（家計の金融資産2023兆円の内訳比率）

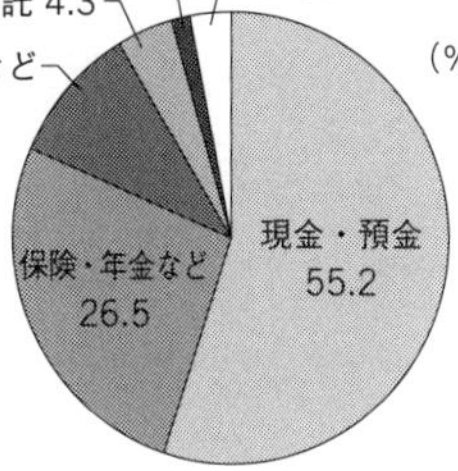

（注）2022年12月末時点、端数処理により合計は100になっていない
（出所）日銀・資金循環統計

例えば、日本経済に重大な危機が訪れ、個人のマネーが一気に海外に流出した場合だ。円相場が急落すれば、輸入物価は急騰する。日銀が通貨防衛の観点からも金利を上げざるを得なくなるかもしれない。

日本の個人マネーが本格的に海外に逃げるいわゆるキャピタルフライト（資本逃避）が起きると、相当なインパクトがありそうなのは事実だ。

22年末時点で、家計部門の金融資産は約２０００兆円。うち半分以上は根雪のように円建ての現金・預金としてたまっている。その規模は、政府が円を買い支える為替介入の原資とする外貨準備（円換算で約１７５兆円）よりはるかに大きい（図表５－６）。

単純計算だが、仮に家計の現金・預金の２割が外貨にシフトすれば200兆円程度。外貨準備を上回る。家計の長期マネーの海外流出が引き起こす円急落を、政府の為替介入では止めにくいかもしれない。とすれば日銀が利上げで円売り圧力を和らげざるを得なくなるかもしれないのだ。

経済には何が起きるかわからない

経済には様々なリスクがある。「絶対にこうなる」という決めつけは良くない。特に過去20年くらいを振り返ると、従来では想定できなかったようなテールリスク（めったに起きないが、起きると甚大な被害をもたらすリスク）の顕在化があった。

100年に1度といわれる金融危機や感染症拡大、1000年に1度といわれる大震災……。

今後についても、南海トラフ巨大地震や台湾有事など軽視できないリスク要素が存在する。注意を払い、適切な備えをすることは肝要だ。経済には何が起きるかわからないことをしっかりと頭に入れておく必要はある。

ただ、1990年ころのような高い水準の短期金利の再現が、蓋然性の高い中心的なシナリオとして想定できるかというと、それも違うだろう。少子高齢化による生産年齢人口の減少傾向はすぐには変わりそうにない。日本経済の実力が抜本的に回復する未来図は、簡単には描きにくい。

今の時点で、短期の政策金利が早期に大幅に上がり、それを反映して住宅ローンの変動金利もすぐに大きく上がるというリスクを過度に心配する必要はなさそうだ。

もっとも、歴史的ともいえる今の変動型ローンの低金利が永久に続くと考えるのも現実的ではない。1990年ころのような水準に大幅に上がる公算は小さいとはいえ、短期政策金利が方向としては上がっていく展開もありうるからだ。

当面、変動金利で借り続けるとしても、適切なタイミングで固定金利型ローンに借り換えて、金利上昇リスクを消すというのもひとつの考え方になる。

固定金利型ローン利用による負担増分は「保険料」

ただし、固定型に借り換えれば、金利は高めになるケースが普通だろう。今後も変動金利が低水準で推移するなら、返済を終えたときの総返済額が変動で借り続けた場合と比べて多くなってしまうかもしれない。

もっとも、メリットもある。金利の変動を気にする必要はなくなり、心理的なストレスは軽減できそうだ。生活設計も立てやすくなる。

つまり、固定型に借り換えたときの負担増は一種の「保険料」なのだ。固定型の金利は変動型と比べれば高いとはいえ、歴史的に見れば依然として低めで、「保険料」も高くない。

火災保険に入っている人にとって、実際に火事が起きなければ保険料は「ムダ」になる。だからといって、火災保険の利用が愚かだったとはいえない。固定金利型ローンについても、同じことはいえる。

変動金利で借り続けるのが得なのか、それとも固定に借り換えた方が得なのかは事前にはわからないし、返済総額だけで損得を単純に論じられない面もある。だからこそ、変動型と固定型という異なった商品が併存しているのだろう。

どちらを選ぶかは、最終的に自分で判断するしかない。

いざとなったら一部（または全部）を繰り上げ返済できるメドがある人なら、金利上昇リスクを受け入れて変動で借り続けるというのも、ひとつのやり方である。

借入額のそう大きくない人についても、似たようなことがいえるかもしれない。金利が跳ね上がったときのショックが相対的に小さいはずだからだ。

ただ、そうではないなら、将来いずれかのタイミングで変動金利型ローンから固定金利型ローンへの借り換えをするのもひとつの考え方だ。

変動金利から固定金利への切り替え時期は

では、そのタイミングはいつなのか。実は、これもかなりの難問だ。

短期の政策金利が上がる直前に固定型に切り替えて、金利上昇リスクを回避すればいいと考える人もいるかもしれない。

前述の通り、変動型ローンの基準金利は、マイナス金利ではなくゼロ金利の解除を受けて上がるケースが多そうだ。とすれば、ゼロ金利解除の少し前に固定金利に借り換える作戦を練る人もいるだろう。

実は、そううまくいくとは限らない。

既に述べた通り、固定型ローン金利は長期金利の動きに左右されるが、その長期金利は普通、短期政策金利に先行して動きやすい。長期金利は、短期金利が先行きどう動くかという人々の予想を反映するからだ。

したがって、多くの人が短期政策金利はそろそろ上がりそうだと考え始めると、長期金利は先に上がってしまうのだ（短期政策金利の引き上げが実施されるころには、長期金利操作

図表5-7　固定金利は変動金利に先行して上がる傾向がある

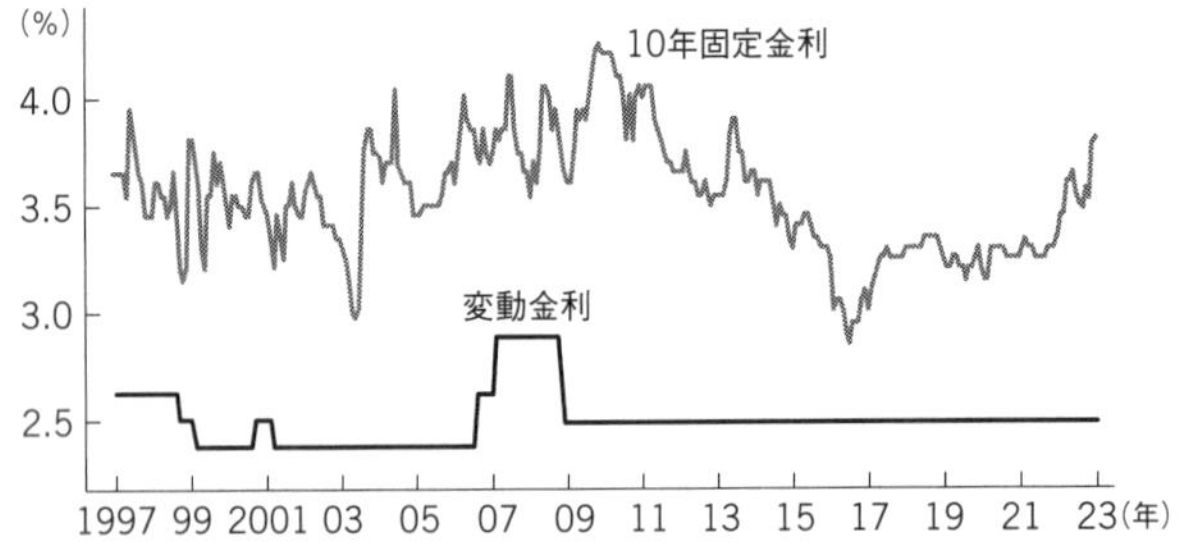

(出所) 住宅金融支援機構、主要都市銀行の金利中央値

政策が撤廃されるなどして長期金利は今よりも自由に動くようになっていると考えられる)。

ということは、変動型の基準金利上昇のきっかけとなるゼロ金利解除の直前に固定型に借り換えようとしても、そのときには固定金利は既にかなり上がってしまっている公算が大きい。図表5－7を見ると、変動金利に先んじて固定金利が上がってきた傾向が一応は見てとれるだろう(常に先行してきたとは言えないが)。

では、どうすればいいのか。

ゼロ金利政策解除の一定程度前に固定金利型に借り換えるのが、ひとつの対応策ではあるだろう。だが、「一定程度前」とはいつかという問いに答えるのは簡単ではない。

考えられるタイミングの候補になりそうなのは、例えばゼロ金利解除の前段階であるマイナス金利解除の前だろう。マイナス金利解除は金融政策転換の大きなイベントになるので、混乱回避のため日銀もある程度前からそれなりのシグナルを送るはずである。

だが、マイナス金利政策解除の前の段階でも、長期金利は既に一定程度上がってしまっていると考えられる。ゼロ金利解除前ほどは上がっていないとしても、それなりのレベルになっているかもしれない。

マイナス金利政策解除について、日銀がある程度前から示唆し始めるなら、それに反応して長期金利にも上げ圧力がかかりうるからだ。

日銀はいつシグナルを発するかのヒントをくれず

それなら、日銀がマイナス金利解除について事前の情報発信を始める直前に固定金利型ローンに借り換えればいいという声も聞こえてきそうだ。

しかし、日銀はマイナス金利解除自体については事前にシグナルを送る可能性があるが、いつからシグナルを送るかについて前もって示唆してくれるとは考えにくい。だから、マイナス金利解除に関する事前の情報発信の開始前に固定型ローンに切り替えるという作戦も、簡単には実行できない。

ではもっと前の段階はどうか。長期金利操作の修正・撤廃の直前は候補だろう。長期金利はまだ低いだろうし、固定金利もあまり上がっていないはずだ。

しかし、第3章で触れたが、長期金利操作の修正や撤廃について、日銀は事前の明確な情報発信は基本的にしない可能性がある。前もって示唆すると、すぐに長期金利が上がってしまうからだ。22年12月の長期金利の容認上限引き上げも、抜き打ち的に実施された。

ことほどさように、変動金利型ローンから「適切なタイミング」で固定金利型ローンに借り換えるというのは、言うは易く行うは難《がた》しなのだ。

もうひとつ付け加えておく。

長期金利がまだ低めの早い段階でうまく変動金利型ローンから固定金利型ローンへの借り換えをした場合も、注意すべきリスクがある。結局、短期政策金利の引き上げは行われず、変動型ローン金利が低いままで推移するという展開もありうることだ。

植田日銀の5年間にゼロ金利はおろか、マイナス金利の解除すらできないという結果になる可能性もゼロではない。そうした場合、あまり早めに固定金利型ローンに切り替えれば、損をする恐れがある。

また、固定金利型ローンに比較的早めに切り替えた後マイナス金利やゼロ金利の解除が予想通り実施されるという、一見すると理想的なパターンになった場合も、実は想定外の事態に直面するリスクが消えない。

いったんゼロ金利解除までこぎつけた日銀が、そう時間がたたないうちに、再びゼロ金利導入を余儀なくされることもありうるからだ。

こうした場合、いったん小幅に上がった変動型ローンの金利が再び低下に転じるはずだ。とすれば、借り換えなどしない方がよかったという話になるかもしれない。

固定への借り換え時期は「ベスト」より「ベター」を目指す

日銀がそんな格好の良くない行動をするか、と思われるかもしれない。

だが、00年8月のゼロ金利政策解除の後、たった7ヶ月で量的緩和導入（事実上のゼロ金利政策復帰）を迫られた。

06年7月にゼロ金利解除を実施した後には、07年2月に追加利上げも決め、政策金利を0・5％前後に上げた。ところが、08年の世界的な金融危機を受け、再び利下げを余儀なくされた。

今後も似たような展開が繰り返される可能性はゼロではない。

結局、後から振り返ってベストのタイミングで変動から固定に切り替えられたという満足感を持てる人は少ないかもしれない。その点はあらかじめ覚悟した方がいいというのが筆者の考え方だ。

そのうえで、経済・物価情勢に関する情報や政策の先行きに関する日銀のシグナルに注意を払い、自分なりの金利観にもとづいて適切な切り替えの時期を見極めるよう努めるしかない。

切り替え時期として「ベスト」を追い求めるとストレスを感じる結果になりやすい。少しでも「ベター」あるいは「レスワース」なタイミングを目指す姿勢がいいのではないか。少しでも「より良い」あるいは「よりましな」な時期を模索するというスタンスだ。

個人投資家にとって参考になる日銀のETF購入

以上、住宅ローンについて述べてきたが、ここからは違う話題に切り替える。ただし、投資を手掛けている個人、あるいはこれから始めようと考えている人にとって関係の深い話だ。

日銀が上場投資信託（ＥＴＦ）を買ってきたことは、第2章や第3章で述べた。その前の

10年間には日銀が個別株の買い入れを手掛けた時期もあった。

中央銀行による「株式」の購入は異例の政策。株価形成をゆがめるなどの副作用に注意が必要であり、大規模に手掛けるのは健全とはいえない点も既に指摘した通りだ。

ただ、政策としての是非は別として、日銀の動きを投資として見た場合には、個人にとっての資産運用のヒントを示している面もある。

少なくとも今までのところ、日銀は「株式」の購入で比較的安定した利益を得てきているからだ。

日銀はＥＴＦ買い入れでどの程度の利益を得ているのか。日銀が10年12月以降23年５月末までに購入したＥＴＦは簿価で約37兆円なのに対して、時価は約57兆円。20兆円程度の含み益が生じている（図表５―８）。ざっくり言うと、およそ12年で５割を超える利益だ（ニッセイ基礎研究所の井出真吾氏の試算）。

「すごい」と言うほどではないという声もあるかもしれないが、低金利が続いた時期としてはそれなりの運用成果ともいえる。日銀はＥＴＦから分配金も得ていて12年間で４兆円を超える。これを加えれば利益はもっと大きい。

もちろん、この12年間には様々なショックが市場を襲ったから、タイミングによっては含

図表5-8　含み損が生じた時期は極めて少ない
（日銀保有ETFの簿価と時価）

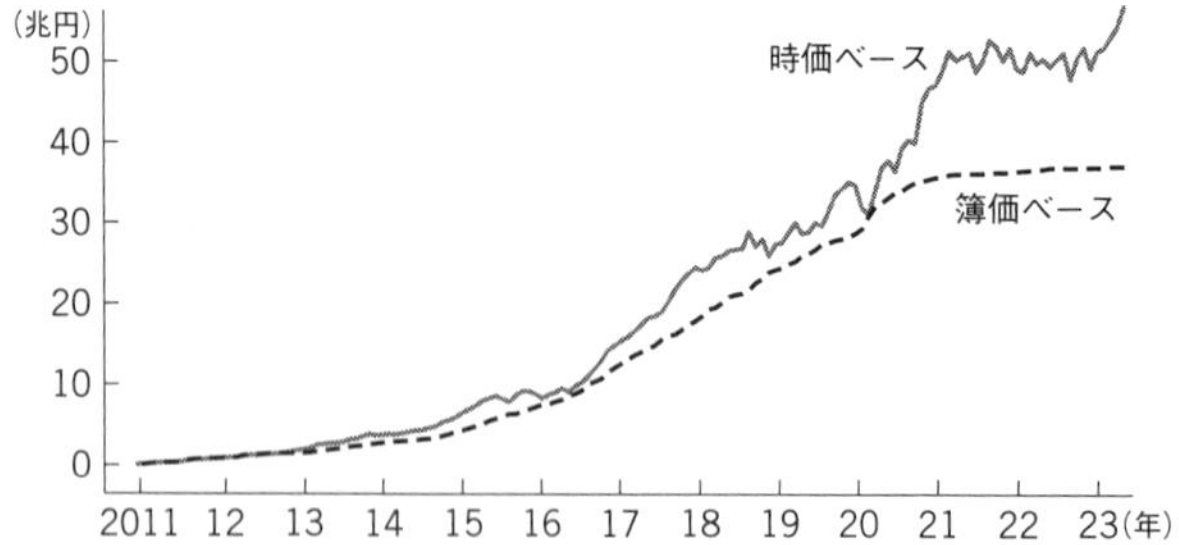

（出所）ニッセイ基礎研究所・井出真吾氏の試算

み損を抱えた。最近では20年3月の新型コロナウイルス危機による株価下落で、いったん3兆5000億円程度の含み損が生じたと井出氏は試算する。

それまで得た分配金（1兆7000億円程度）を差し引いても、1兆8000億円程度の「損失」だ。当時の簿価の6％くらいに当たる規模である。

ただ月末ベースの数値を振り返る限り、この12年間に含み損が生じた時期は極めて少ない。仮に生じても、その規模は小さかった。安定的な運用だった印象がある。

日銀は02～04年と09～10年には銀行保有株購入を手掛けた。金融機関経営が株価に振り回される状態を改めるため、銀行が持つ株式を買い取る政策だ。こちらは16年以降、出口政策を本格化させ、既に売却益を得ている。

安値で買うコツコツ投資で日銀に安定した利益

ＥＴＦなどの買い入れで日銀が比較的安定した利益を手にしてきたのはなぜか。日銀の投資手法も要因になっている。その特徴は主に2つある。

第1に、世の中が極めて悲観的なムードに包まれ、株価が安くなった局面で「株」を買い始めた。そもそも中央銀行が「株」を買うという異例の行動を起こすくらいだから、マーケットが混乱している時期だったのは当然だが、長い目で見ればそういうときこそ投資を始める好機である。

図表5―9は、日銀が銀行保有株やＥＴＦの買い入れを開始したタイミングと株価との関係を示している（グラフは20年までだが、その後もＥＴＦ買い入れ政策は継続中）。株価が安いときに購入し始めた事実が確認できる。

第2に、相場下落時にコツコツと買い続けた。第3章で見た通り、日銀のＥＴＦ購入は、午前中に東証株価指数（ＴＯＰＩＸ）が一定程度下落した日に実施してきた。それを12年間、ひたすら続けた。銀行保有株買い取りも、金融機関が売却を望む株式を受動的に買い続けるものだった。

図表5-9　日銀は安値で「株」の購入を始めた

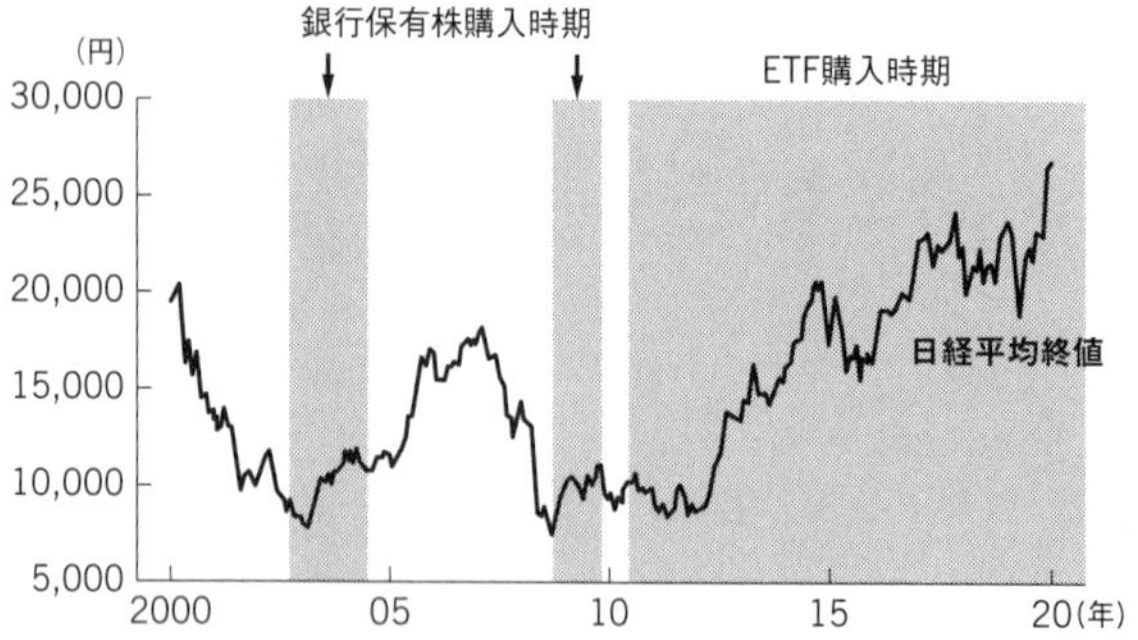

（出所）日銀の公表資料などをもとに筆者作成

相場が安値のときに株式投資を始め、その後も下落したタイミングで粘り強く買い続ける——。わかりやすく言えば日銀はそういう長期投資をして、それなりの成果を得たわけだ。

もちろん日銀による巨額のマネー投入自体が相場を下支えし、日銀の投資収益率を押し上げた面もあるだろう。日銀と個人を同列に扱うのは妥当でないと強調しておく。利益を得ている状態が今後も続くと保証されているわけでもない。

日銀から個人投資家へのバトンタッチが進む?

とはいえ、日銀のやったことが資産運用のひとつのあり方を示しているのも事実だろう。個人が日銀流の長期投資のやり方を実践し、日銀から個人へと株の買い手のバトンタッチがなされれば望ましい。筆者は長年、そう考えていた。

実は、この2年くらい、それが徐々に実現しつつある印象を受けている。どういうことか。第2章で述べた通り、日銀は21年3月の政策修正でETF買い入れを大幅に抑制した。注目したいのは、その割に株価が大崩れしなかった事実だ。

日銀が政策修正を決めた21年春に3万円台で推移する局面もあった日経平均株価は、その後、日銀が株価買い支えを大幅に減らすなか、22年春に2万5000円を割り込んだものの、23年5月には再び3万円台に上昇した。

何が起きたのか。実は、日銀が株価下支えから手を引いた穴を個人投資家が埋めた側面もある。というのも、20年まで株式の売り越しが続いた個人は21年、22年と買い越しになったからだ。

コツコツ投資の担い手が日銀から個人へとシフトし、民間の長期投資マネーが株式市場に適切な形で流入する――。そんなバトンタッチが今後本格化し、中銀による株式市場介入という異形の政策が日本から消えるなら、望ましい話だ。

あとがき

本書の執筆を終えて改めて感じるのは、植田和男総裁率いる日銀が「不確実性がきわめて高い」（初の金融政策決定会合で決めた新しいフォワードガイダンスに盛り込まれた表現）状況に直面しているという点だ。

もっとも、「きわめて高い不確実性」という言葉は、必ずしも否定的な意味だけを持っているわけではない。そもそも、従来のように2％物価目標の持続的・安定的な実現にあまり期待が持てないならば「不確実性」はそれほど高くない。

今は、場合によってはいずれ2％目標の持続的・安定的な実現のメドが立つかもしれないという点も含め、以前より多様な展開がありうる。それゆえに「不確実性」が高いのだ。

2023年の春季労使交渉で高めの賃上げが実現するなど、物価・賃金情勢には長らくなかった動きが見られ始めた。もしそれが持続し、広がりも持つならば、長年続いた金融緩和政策の正常化へと適切なタイミングで動くことが課題になる。

本書で述べた通り、仮に正常化が実現しても、それほど大きな金利上昇が起きる可能性は現時点では低そうだ。それでも、長年続いた超低金利・低インフレのもとで定着した様々な常識を捨てる覚悟は求められる。

もちろん、物価・賃金情勢の変化が本物ではなく、再び2％目標から下方向に離れた状態に戻り、それが長引く展開もありうる。今はこちらの可能性の方にも注意が必要だ。ただ、そうした場合でも、「異次元」の金融緩和政策の持久戦を現在の形のままでずっと続けるわけにはいかない。副作用を軽くして緩和政策の持続性を上げる枠組みを模索する必要がある。

新たな枠組みをつくる際に工夫の余地はそう大きくないかもしれない。とはいえ、少なくとも、本来自由に決まるはずの長期金利を強引に低く抑える政策には副作用が多く、いつまでも今のまま単純に継続することには無理もありそうだ。

新しい枠組みづくりは、「異次元の緩和」を「普通の緩和」へと徐々に近付ける作業とも表現できそうだ。強力な緩和効果に頼ってきた政府、企業、家計、市場参加者など様々な経済主体は、発想の転換が必要になる。

さらに、予想外の強い負のショックが日本経済を襲う事態になれば、日銀が危機対応に知恵を絞るのは政策当局として当然だ。

いずれにせよ、植田日銀は何らかの行動を起こし、何らかの変化をもたらしそうである。ただ、「不確実性の高さ」ゆえに、日銀は将来の自由度を確保するため、解釈が難しい情報発信をする場合もありそうだ。

日銀がどう対応するかは、私たちの生活にも影響を及ぼすだけに、一人ひとりが日銀ウォッチャーになり、変化の方向とその意味に注意を払う必要が出てくる。筆者が最も伝えたかったメッセージがそれだ。

本書で示したのは、植田日銀が引き継いだ「現実」と、向こう1年から1年半くらいの日銀の「変化」のシナリオである。不確実性が高い状況下での予測には難しさが伴う。その内容には厳しいご意見もあるかと思う。より長いスパンの予測や、仮に金融政策の正常化が本格的に進んだ際の日銀や金融機関の財務への影響など様々な論点の冷静な分析も、今後の課題として残る。

これからも変化の行方について取材を続け、読者の知る権利に応える努力を続けていきたい。

本書の執筆のベースとなったのは、植田和男氏をはじめとする現役あるいはOBの日銀関係者への長年にわたる取材である。心からお礼を申し上げたい。なお、本書のなかで日銀政策委メンバーの記者会見・講演や金融政策決定会合での発言などを紹介した際には、日銀ホームページ掲載の記者会見・講演の内容や議事要旨・議事録といった各種資料を参考にさせていただいた。

マーケットや学界で日銀ウオッチングをされている皆様からも日々、いろいろと教えていただいている。感謝を申し上げたい。

長年の日銀取材や本書の執筆と出版に際してお力添えをいただいた日本経済新聞社編集局と日経ＢＰの皆様にも感謝を申し上げつつ、筆をおきたい。

２０２３年６月

清水功哉

清水功哉　しみず・いさや

日本経済新聞編集委員。１９６４年生まれ、上智大学外国語学部（国際関係副専攻課程）卒業。東京やロンドンで、長年、金融政策や為替・金融市場、資産運用について取材。著書に『日銀はこうして金融政策を決めている』『デフレ最終戦争』『緊急解説マイナス金利』、共著に『通貨・租税外交』（浅川雅嗣元財務官の口述回顧録の聞き手）。日本証券アナリスト協会認定アナリスト（ＣＭＡ）、日本ファイナンシャル・プランナーズ協会会員・ＣＦＰ認定者。

日経プレミアシリーズ｜500

植《うえ》田《だ》日《にち》銀《ぎん》　こう動《うご》く・こう変《か》わる

二〇二三年七月　七　日　一刷
二〇二三年七月二八日　二刷

著者　清水功哉
発行者　國分正哉
発行　株式会社日経ＢＰ
日本経済新聞出版
発売　株式会社日経ＢＰマーケティング
〒一〇五―八三〇八
東京都港区虎ノ門四―三―一二
装幀　ベターデイズ
組版　マーリンクレイン
印刷・製本　中央精版印刷株式会社

ISBN 978-4-296-11835-9　Printed in Japan

日経プレミアシリーズ494

「低学歴国」ニッポン

日本経済新聞社 編

大学教育が普及し、教育水準が高い。そんなニッポン像はもはや幻想？――いまや知的戦闘力で他先進国に後れをとる日本。優等生は育ってもとがった才能を育てられない学校教育、〝裕福な親〟が必要条件になる難関大入試、医学部に偏る理系人材、深刻化する教員不足など、教育現場のルポからわが国が抱える構造的な問題をあぶり出す。

日経プレミアシリーズ493

あなたと日本の防衛を考えたい

日本経済新聞社 政治・外交グループ 編

緊迫する東アジア情勢に対処するには、何が足りないのか。無人機やサイバー攻撃といった「新たな戦争」、迫り来る危機を想定しているとはいい難い態勢や戦略を生み出した戦後77年の安全保障の実像、そして2022年に議論された国家安全保障戦略の改定によって示された方向性とは。防衛の課題と現状を読み解く。

日経プレミアシリーズ497

中国人が日本を買う理由

中島 恵

高成長が曲がり角を迎え、コロナ禍以降は社会に息苦しさも感じる――。ここ数年、中国人が母国を見る目が変わりつつある。そして彼らは日本に目を向ける。食事、教育、文化、ビジネス、社会……。どんな魅力を感じるのか。豊富な取材により、多くの中国の人々の声から浮かび上がる、新しい日本論。

日経プレミアシリーズ490

国費解剖

日本経済新聞社 編

9割が使途を追えないコロナ予備費、乱立する基金と塩漬けになる予算、コンサルに巨額を投じる委託事業……。財政悪化の一方で、膨張を続ける国家予算。その内実を紐解けば、莫大な政府の無駄遣いが明らかに。緻密な取材から国費のブラックボックスに迫り財政規律回復への道筋を探る大反響の日経連載を大幅加筆のうえ新書化。

日経プレミアシリーズ478

デジタル空間とどう向き合うか

鳥海不二夫・山本龍彦

見たい情報しか見なくなる。自己決定のつもりが他者決定に。「分断」や「極化」が加速――。インターネットは利便性を高める一方で、知らず知らずのうちに私たちの「健康」を蝕んでいる。計算社会科学者と憲法学者が、デジタル空間に潜むさまざまな問題点を指摘、解決への糸口を探る。

日経プレミアシリーズ496

半導体超進化論

黒田忠広

1988年に50%あった日本企業の世界シェアが今では10%。この30年間に世界の半導体は年率5%超の成長を遂げたが、日本はまったく成長できなかった。日本は何をすべきか。日本の半導体戦略をリードするキーパーソンが、新しい半導体の世界と対応策を活写。

日経プレミアシリーズ483

どうすれば日本人の賃金は上がるのか

野口悠紀雄

いまや、他の先進国と比べて、賃金の安い国となった日本。「物価は上がるのに、賃金が上がらない」現状は、私たちの生活をじわじわと追い詰めている。どうすれば、この状況から脱することができるのか？　独自のデータ分析によって長期的な賃金停滞の根本原因を明らかにし、日本経済の再活性化のためにいま本当に必要な施策は何かを考える。

日経プレミアシリーズ458

賢い子はスマホで何をしているのか

石戸奈々子

「子どもにスマホは絶対ダメ」、その価値観のままで本当にいいのだろうか？　デジタルを「学び」にうまく取り入れれば、未来の社会でAIに負けないような、思考力・創造力をはぐくむこともできる――デジタル教育の普及につとめてきた著者が、未来の教育を踏まえ、子どもとデバイスの適切な距離から、創造力を伸ばすツール、家庭でのデジタル教育の取り入れ方までを紹介する。

日経プレミアシリーズ473

ビッグデータが明かす医療費のカラクリ

油井敬道

病院や薬局の明細書には何が書かれているのか？　生活習慣病の医療費は、なぜ同じ症状、同じ年齢で3倍～5倍も異なるのか。毎月通院する患者と3カ月に一度しか通院しない患者で、治療成績に差はあるか？　25年間、61万人、1100万回の電子カルテの分析から、日本の医療費と医療サービスの実態を明らかにする。

日経プレミアシリーズ462

読書をする子は○○がすごい

榎本博明

テストの問題文が理解できない子どもたち。意思疎通がうまくできずに、増える暴力事件。ディスカッション型の学習をしても、発言する内容はお寒いばかり……。読書の効用は語彙力や読解力にとどまらない。子どもが豊かな人生を送るために、いま親としてできることとは何かを説く。

日経プレミアシリーズ451

残念な介護　楽になる介護

井戸美枝

介護でよくある失敗をストーリー形式で紹介し、周囲と協力しながら介護を楽にする解決策を明らかに。在宅介護を可能にするさまざまなサービス、費用負担を軽減するノウハウ、介護離職を防ぐ休業制度、困ったときの相談先など、便利な公的制度やサービスの活用方法を具体的に解説します。

日経プレミアシリーズ474

東南アジア スタートアップ大躍進の秘密

中野貴司・鈴木　淳

東南アジアで有望なスタートアップが続々誕生している。特にグラブ、シー、ＧｏＴｏ（ゴジェックとトコペディアが統合）の３強は巨大で、シーの企業価値は一時23兆円に到達。世界中の大企業やファンドが出資や提携を求めて殺到している。現地駐在経験が豊富な日経新聞記者が大躍進の秘密を解き明かす。